INCÊNDIOS

Wajdi Mouawad

INCÊNDIOS

Cobogó

Originalmente publicado em Francês como *Incendies*

Para produções profissionais ou amadoras, por favor entre em contato com Michel Simard na Simard Agence Artistique, 3536 rua Sainte-Émilie, Montreal, Quebec, H4C 1Z2
Tel.: (514) 578-5264 E-mail: info@agencesimard.com

SUMÁRIO

Um consolo impiedoso

Incêndios é a segunda parte de uma tetralogia iniciada com a escrita e a encenação de *Litoral*, em 1997. Sem ser uma continuação narrativa, *Incêndios* retoma a reflexão sobre a questão da origem. Mesmo sem ter ainda a menor ideia para onde a continuação me levará, e quando será de novo abordada, sei que, há pouco tempo, uma palavra atravanca minha cabeça, talvez seja um título, talvez um cenário, mas intuo que essa palavra seja o sonho premonitório de uma terceira parte. Essa palavra é "florestas".

Assim como *Litoral*, *Incêndios* nunca teria nascido sem a participação dos atores. Nesse sentido, a maneira como a peça foi escrita e encenada constitui também uma continuação de *Litoral*, já que, ali também, o texto foi escrito ao longo dos ensaios escalonados num período de dez meses. Faço questão de dizer quanto o engajamento dos atores foi crucial. Simon nunca teria sido lutador de boxe se Réda Guerinik não tivesse participado do projeto. Sawda não teria ficado com tanta raiva sem Marie-Claude Langlois e Nihad provavelmente não teria cantado se eu não tivesse trabalhado com Éric Bernier. Tratava-se de revelar o ator pelo personagem e de revelar o personagem pelo ator, para que não houvesse mais espaço psicológico capaz de separá-los. O único espaço que permitiu que ator e personagem não se confundissem totalmente foi o da ficção, do faz de conta, da imaginação. Então, antes mesmo que qualquer linha fosse escrita, falamos de consolo. A cena como lugar de consolo impiedoso. Um consolo impiedoso. Isso já era para mim um passo dentro do túnel. Um espírito. Uma sensação. Palavras começavam a aparecer. Comecei a caminhar. Uma caminhada no escuro. As vozes dos atores me guiando. Surgiu, um belo dia, esta pergunta: "O que vocês têm vontade de fazer num palco? De dizer? Que ação, que fantasia vocês gostariam de realizar?" Tudo era permitido. Do mais lúdico ao mais sério, do mais grotesco ao mais convencional. Não custava nada. Assim, Réda me falou em lutar boxe. Marie-Claude em fazer o papel de uma melhor amiga. Annick Bergeron, que faria uma das três Nawal, gostaria de dançar sapateado e Richard Thériault, que daria corpo a Hermile Lebel, queria cantar músicas de Tim Jones. Era engraçado e frágil ver cada um deles confessar sua fantasia de criança ou de adolescente, mas todo desejo carrega uma verdade incontestável e todo desejo, tão simplesmente expresso num dia de maio em volta da mesa, se tornava para mim um caminho no qual eu nunca teria pensado sozinho. Nem tudo foi levado em consideração, mas muitas vezes eu pude encontrar ali soluções para a trama narrativa. O exemplo mais surpreendente é o do nariz de palhaço. Isabelle Roy, que iria interpretar a mais jovem das Nawal, confessa sonhar em fazer o papel de um palhaço nada engraçado. Havia uma grande distância entre essa Nawal e um palhaço nada engraçado, mas essa ideia de palhaço tomaria um rumo surpreendente e se tornaria um dos pontos cegos da história. Para além das fantasias infantis, havia também as ideias e as palavras de cada um. Tratamos de território, de reconstrução, da guerra do Líbano, de Noé e do Abitibi. Tratamos de divórcios, de casamentos, de teatro e de Deus. Tratamos também do mundo de hoje, da guerra no Iraque, mas também do mundo de ontem: a descoberta da América.

A escrita então começou a andar e o trabalho de ensaio seguiu. O trabalho cenográfico também teve que se adaptar ao fato de que o texto ia sendo escrito aos poucos e, ao longo desse período, tive o sentimento de que se tratava antes de tudo de uma trupe de teatro, com seus técnicos e seus atores, que se empenhavam em abrir caminho para a escrita. Sem essa escuta, sem essa participação, sem esse engajamento ativo por parte de cada membro da equipe, eu não teria podido escrever. É importante dizer, importante fazer com que se ouça: *Incêndios* nasceu desse grupo, fui atravessado por sua escrita. Passo a passo, até a última palavra.

Wajdi Mouawad,
23 de março de 2003

Para Nayla Mouawad e Nathalie Sultan
uma árabe, a outra judia
ambas minhas irmãs de sangue

INCÊNDIOS

de **Wajdi Mouawad**

Tradução de Angela Leite Lopes

Incêndios [Incendies] foi desenvolvido pela companhia de teatro Abé Carré Cé Carré. O espetáculo estreou em 14 de março de 2003, no Canadá.

Texto e Direção
Wajdi Mouawad

Elenco
NAWAL 40 ANOS: Annick Bergeron ou Julie McClemens
NAWAL 60 ANOS: Andrée Lachapelle ou Ginette Morin
NAWAL 14 ANOS: Isabelle Roy
HERMILE LEBEL: Richard Thériault
SIMON: Réda Guerinik ou Jocelyn Lagarrigue
JEANNE: Isabelle Leblanc ou Catherine Larochelle
NIHAD: Éric Bernier ou Valeriy Pankov
SAWDA: Marie-Claude Langlois ou Mireille Naggar
ANTOINE DUCHARME: Gérald Gagnon

Diretor Assistente
Alain Roy

Cenografia
Emmanuel Clolus

Figurinos
Isabelle Larivière

Iluminação
Éric Champoux

Composição e Direção Musical
Michel F. Côté

Maquiagem e Cabelos
Angelo Barsetti

Direção Técnica e Som
Alex Brunet

Direção Geral e Administrativa
Arnaud Antolinos – Au Carré de l'Hypoténuse

Direção de Produção e de Turnê
Maryse Beauchesne – Abé Carré Cé Carré

Direção de Produção no Quebec
Mariane Lamarre

Secretaria-geral
Marie Bey

Assessoria de Imprensa
Dorothée Duplan

Incêndios estreou no Rio de Janeiro, no Teatro Poeira, em 19 de setembro de 2013.
O projeto foi idealizado por Felipe de Carolis.

Texto
Wajdi Mouawad

Tradução
Angela Leite Lopes

Direção
Aderbal Freire-Filho

Elenco
NAWAL: Marieta Severo
SIMON: Felipe de Carolis
JEANNE: Keli Freitas
HERMILE LEBEL: Marcio Vito
SAWDA: Kelzy Ecard
WAHAB/MÉDICO/GUIA/ABDESSAMAD/FAHIM/ MALAK/CHAMSEDINNE: Isaac Bernat
JIHANE/ELHAME/NAZIRA/MARIE/ FOTÓGRAFA: Fabianna Mello e Souza
RALPH/MILICIANO/NIHAD: Julio Machado

Diretor Assistente
Fernando Philbert

Direção de Produção
Maria Siman

Cenografia e Objetos
Fernando Mello da Costa

Figurinos
Antônio Medeiros

Luz
Luiz Paulo Nenen

Trilha Sonora
Tato Taborda

Visagismo
Lu de Morais
Emi Sato

Direção de Movimento
Marcia Rubim

Produção Executiva e Administração
Luciano Marcelo

Assistente de Produção
Fernanda Mello

Administração Financeira
Paula Salles

Produtores
Felipe de Carolis
Maria Siman
Marieta Severo

Produtor Associado
Pablo Sanábio

Realização
Primeira Página Produções
Porto Marina Produções
Teatro Poeira

PERSONAGENS

NAWAL

SIMON

JEANNE

HERMILE LEBEL

SAWDA

NIHAD

ANTOINE

OUTROS PERSONAGENS

RALPH

WAHAB

JIHANE

ELHAME

NAZIRA

MÉDICO

ABDESSAMAD

GUIA

FOTÓGRAFO

ZELADOR

MALAK

MILICIANO

CHAMSEDDINE

INCÊNDIO DE NAWAL

1. Tabelião

De dia. Verão. Escritório de tabelião.

HERMILE LEBEL Com certeza, com certeza, com certeza, eu preferia olhar o voo dos pássaros. Agora também não dá pra ficar dando papo-furado: daqui, na falta de pássaros, dá pra ver os carros e o centro comercial. Antes, quando eu estava do outro lado do prédio, meu escritório dava pra autoestrada. Não era como ver o mar, mas acabei colocando uma placa na minha janela: *Hermile Lebel, tabelião*. Na hora do *rush* isso me fazia um baita de um anúncio. Aqui, estou desse lado de cá e tenho uma vista pro centro comercial. Um centro comercial não é um pássaro voando. Antes, eu dizia "avoando". Foi a mãe de vocês que me ensinou que o correto era "voando". Me desculpem. Não quero ficar falando da mãe de vocês por causa dessa infelicidade que se abateu, mas vai ser preciso agir. Continuar levando a vida, como se diz. É assim que é. Entrem, entrem, entrem, não fiquem na passagem. É meu novo escritório. Estou me instalando. Os outros tabeliães foram embora. Estou sozinho neste bloco. Aqui é muito mais agradável porque tem menos barulho, a autoestrada fica do outro lado. Perdi a possibilidade do anúncio na hora do *rush*, mas pelo menos posso ficar com a janela aberta, e como ainda não tenho ar-condicionado isso vem a calhar.

Sim. Bem.

Com certeza, não é fácil.

Entrem, entrem, entrem! Não fiquem na passagem, enfim, é uma passagem!

Entendo, ao mesmo tempo, entendo que não queiram entrar.

Eu não entraria.

Sim. Bem.

Com certeza, com certeza, com certeza, eu teria preferido muito mais me encontrar com vocês numa outra circunstância, mas o inferno está todo calçado em boas circunstâncias, então fica meio difícil prever. A morte é algo que não dá pra prever. A morte é algo que não tem palavra. Ela destrói todas as suas promessas. A gente pensa que ela virá mais tarde e ela acaba vindo quando quer. Eu gostava da mãe de vocês. Digo isso a vocês assim, de cabo a rabo: eu gostava da mãe de vocês. Ela me falou muitas vezes de vocês. Na verdade, não foram muitas, mas ela já me falou de vocês. Um pouco. Às vezes. Assim. Ela dizia: os gêmeos. Ela dizia a gêmea, muitas vezes também o gêmeo. Vocês sabem como ela era, ela não dizia nunca nada a ninguém. Quero dizer, bem antes que ela cismasse em não dizer mais nada, ela já não dizia nada e ela não me dizia nada sobre vocês. Ela era assim. Quando ela morreu, estava chovendo. Não sei. Fiquei muito triste por estar chovendo. No país dela não chove nunca, e aí então um testamento não deixa de ser uma tremenda de uma tempestade. Não é como os pássaros, um testamento, com certeza, é outra coisa. É estranho e bizarro, mas necessário. O que eu quero dizer é que continua sendo um mal necessário. Me desculpem.

Ele cai em prantos.

2. Últimas vontades

Alguns minutos mais tarde.

Tabelião. Gêmeo, gêmea.

HERMILE LEBEL Testamento da senhora Nawal Marwan. As testemunhas que assistiram à leitura do testamento quando de seu registro são o senhor Trinh Xiao Feng, proprietário do restaurante *Os Burgers do Vietcong*, e a senhora Suzanne Lamontagne, garçonete do restaurante *Os Burgers do Vietcong*. É o restaurante que ficava bem embaixo do outro bloco. Na época, cada vez que eu precisava de duas testemunhas, eu descia pra falar com Trinh Xiao Feng. Então ele subia com a Suzanne. A mulher de Trinh Xiao Feng, Hui Xiao Feng, ficava tomando conta do restaurante. O restaurante agora fechou. Fechou. Trinh morreu. Hui Xiao Feng casou em segundas núpcias com Real Bouchard, que era empregado aqui, no escritório do doutor

Yvon Vachon, um colega meu. A vida é assim. Pois é.

A abertura do testamento foi feita na presença de seus dois filhos: Jeanne Marwan e Simon Marwan, ambos com 22 anos de idade e nascidos, ambos, no dia 20 de agosto de 1980 no hospital São Francisco, em Ville-Émard, fica logo ali.

Segundo a vontade da senhora Nawal Marwan, conforme o regulamento e os direitos dela, o tabelião Hermile Lebel foi instituído testamenteiro.

Faço questão de lhes dizer que trata-se de uma decisão da mãe de vocês. Eu, pessoalmente, fui contrário, desaconselhei-a, mas ela insistiu. Eu poderia ter recusado, mas não pude.

O tabelião abre o envelope.

HERMILE LEBEL Todos os meus pertences serão divididos em partes iguais entre Jeanne e Simon Marwan, filhos gêmeos nascidos de meu ventre. O dinheiro será legado em partes iguais a um e a outro e meus móveis serão distribuídos segundo o desejo deles e segundo seus acordos. Se houver litígio ou desentendimento, o testamenteiro deverá vender os móveis e o dinheiro será separado em partes iguais entre o gêmeo e a gêmea. Minhas roupas serão doadas a uma obra de caridade escolhida pelo testamenteiro.

A meu amigo, o tabelião Hermile Lebel, lego minha caneta-tinteiro preta.

A Jeanne Marwan, lego o casaco de brim verde com a inscrição 72 nas costas.

A Simon Marwan, lego o caderno vermelho.

O tabelião pega os três objetos.

HERMILE LEBEL Enterro.
Ao tabelião Hermile Lebel.
Tabelião e amigo,
Traga os gêmeos
Me enterrem nua
Me enterrem sem caixão
Sem roupa
Sem reza
E o rosto virado pro chão.
Me coloquem no fundo de um buraco,
Com a cara contra o mundo.
Como um adeus,
Vocês lançarão sobre mim
Cada um
Um balde de água fresca.
Depois jogarão a terra e selarão minha tumba.

Pedra e epitáfio.
Ao tabelião Hermile Lebel.
Tabelião e amigo,
Nenhuma pedra será pousada sobre minha tumba
E meu nome gravado em lugar nenhum.
Nada de epitáfio para aqueles que não cumprem suas promessas.

E uma promessa não foi cumprida.

Nada de epitáfio para aqueles que mantêm o silêncio.

E o silêncio foi mantido.

Nada de pedra

Nada de nome sobre a pedra

Nada de epitáfio para um nome ausente sobre uma pedra ausente.

Nada de nome.

A Jeanne e Simon, Simon e Jeanne.

A infância é uma faca plantada no pescoço.

Não é fácil tirar.

Jeanne,

O tabelião Lebel vai te entregar um envelope.

Esse envelope não é para você.

É destinado a seu pai

Seu e de Simon.

Encontre-o e entregue a ele esse envelope.

Simon,

O tabelião Lebel vai te entregar um envelope.

Esse envelope não é para você.

É destinado a seu irmão.

Seu e de Jeanne.

Encontre-o e entregue a ele esse envelope.

Quando esses envelopes tiverem sido entregues a seus destinatários

Uma carta será dada a vocês

O silêncio será rompido

E uma pedra poderá então ser pousada sobre minha tumba

E meu nome sobre pedra gravado à luz do sol.

Longo silêncio.

SIMON Ela infernizou as nossas vidas até o fim! Vaca! Velha puta! Vaca de merda! Filha de uma cadela! Velha cretina! Vaca velha! A pior piranha da raça dela! Ela realmente encheu a porra do nosso saco até o final! A gente pensava todo dia há muito tempo ela vai morrer, essa vaca, ela vai parar de atazanar a gente, ela vai parar de nos dar nojo essa cretina! E aí, pimba! *Game over*! Ela acaba morrendo! E depois, surpresa! Não acabou! Puta merda! Essa não dava pra prever; juro que não tinha a menor ideia! Ela preparou muito bem essa jogada, calculou os negócios, cretina de uma puta! Vou enfiar porrada no cadáver dela! Té parece que ela vai ser enterrada de cara pra terra! Té parece! A gente vai é cuspir em cima dela!

Silêncio.

Eu, em todo caso, vou é cuspir!

Silêncio.

Ela morreu, e aí, logo antes de morrer, ficou pensando como podia fazer para sacanear ainda mais a nossa vida! Ela sentou, pensou, depois achou! Fazer um testamento! Esse maldito desse seu testamento!

HERMILE LEBEL Já faz cinco anos que ela o redigiu!

SIMON Estou cagando pra quando foi que ela redigiu, sacou!!

HERMILE LEBEL Escuta aqui! Ela morreu! Sua mãe morreu! Quero dizer que se trata de alguém que morreu. Alguém que a gente, que ninguém conhecia muito bem, mas que de todo modo foi alguém. Que foi jovem, que foi adulto, que foi velho, que depois morreu! Então certamente tem uma explicação no meio disso tudo! Não é pouca coisa! Quero dizer, ela sempre viveu uma vida porreta, essa mulher aí, isso bem que deve valer alguma coisa em algum lugar!

SIMON Não vou chorar! Juro que não vou chorar! Ela morreu! Aí! A gente está cagando, pelo amor de Deus! A gente está cagando que ela tenha morrido! Não devo nada a ela, a essa mulher aí. Nenhuma lágrima, nada! Podem dizer o que quiserem! Que eu não chorei na morte da minha mãe! Vou dizer que não era minha mãe! Que não foi nada! A gente está cagando, sacou, a gente está cagando! Não vou começar a fingir! Não vou começar a chorar por ela! Quando foi que ela chorou por mim? Por Jeanne? Não era um coração que ela tinha no coração, era um tijolo. Não se chora por um tijolo, não se chora. Não era um coração! Era um tijolo, porra, um tijolo! Não quero mais ouvir falar nisso! Não quero saber de mais nada!

HERMILE LEBEL Entretanto ela emitiu um desejo que diz respeito a vocês. Os nomes de vocês estão ali, nas suas últimas vontades...

SIMON Grande coisa! Somos filhos dela e você sabe mais sobre ela do que nós! Grande coisa que nossos nomes estejam ali! Grande coisa!

HERMILE LEBEL Os envelopes, o caderno, o dinheiro...

SIMON Não quero o dinheiro dela, não quero o caderno dela... Se ela pensa que vai me emocionar com esse caderno maldito! Essa é muito boa! As últimas vontades dela! Encontra teu pai e teu irmão! Por que ela mesma não foi procurar, então, se era assim tão urgente?! Tenha a santa paciência! Por que ela não cuidou um pouco da gente, a cretina, se ela precisava tanto de um outro filho em algum lugar?! Por que nesse testamento de merda ela não diz uma única vez a palavra "meus filhos" pra falar da gente?! A palavra "filho", a palavra "filha"! Não sou otário! Não sou otário! Por que ela diz "os gêmeos"?! "A gêmea o gêmeo, filhos saídos de meu ventre", como se a gente fosse um monte de vômito, um monte de merda que ela foi obrigada a cagar! Por quê?!

HERMILE LEBEL Escuta, eu compreendo!

SIMON O que você pode compreender, seu merda?!

HERMILE LEBEL Compreendo muito bem que depois de ter ouvido o que acabamos de ouvir a gente acabe ficando com as quatro pernas pro ar, se perguntando o que está acontecendo, quem somos e por que não a gente? Compreendo, quero dizer compreendo! Não é todo dia que a gente fica sabendo que o nosso pai, que a gente achava que tinha morrido, ainda está vivo e que tem um irmão em algum lugar no mundo!

SIMON Não tem pai, não tem irmão, é tudo besteira!

HERMILE LEBEL Num testamento, não! Coisas assim, nunca!

SIMON Você não conhece ela!

HERMILE LEBEL Eu a conheço de uma maneira diferente!

SIMON De todas as maneiras, eu não estou a fim de conversar com você!

HERMILE LEBEL Tem que confiar nela!

SIMON Não estou a fim...

HERMILE LEBEL Ela tinha suas razões.

SIMON Não estou a fim de conversar com você! Tenho uma luta de boxe daqui a dez dias, o fato é que não quero saber de nada! A gente vai enterrar ela e é só! A gente vai procurar uma funerária, vai comprar um caixão, vai colocar ela dentro do caixão, colocar o caixão num buraco, a terra dentro do buraco, uma pedra em cima da terra e o nome dela sobre a pedra, e *a gente cai fora*!

HERMILE LEBEL Isso é impossível! Essas não são as vontades de sua mãe e não vou permitir que vá contra suas vontades!

SIMON E quem você pensa que é?

HERMILE LEBEL Sou, infelizmente, o executor testamenteiro dela e não tenho a mesma opinião que você sobre essa mulher!

SIMON Como é que você pode levar ela a sério? Quero dizer! Durante dez anos ela passa o dia inteiro no tribunal assistindo a processos infindáveis de malucos, de tarados, de assassinos de todos os tipos, e aí, de um dia pro outro, ela se cala, não diz mais uma palavra! Cinco anos sem falar, é longo pra danar! Nenhuma palavra mais, nenhum som, nada mais sai da sua boca! Ela perde o fio, solta um parafuso, dá um curto-circuito, se você preferir, e ela inventa um marido ainda vivo, morto há séculos, e um outro filho que nunca existiu, historinha perfeita do filho que ela queria ter tido, do filho que ela teria sido capaz de amar, essa vaca, e aí ela quer que eu vá buscar! Se depois disso você ainda for capaz de me falar de últimas vontades...

HERMILE LEBEL Calma!

SIMON Se depois disso você conseguir me convencer de que se trata das últimas vontades de alguém que ainda tem a cabeça no lugar...

HERMILE LEBEL Calma!

SIMON Porra! Quero que essa cretina se foda, se foda, se foda...

Silêncio.

HERMILE LEBEL Com certeza, com certeza, com certeza, mas você tem que confessar que está ajeitando as coisas como convêm a você... Não sei, não tenho nada a ver com isso, você tem razão, ela se calou sem que a gente compreendesse por que durante muito tempo, e sim, sim, é um ato de loucura à primeira vista, mas talvez não seja! Quero dizer que talvez fosse outra coisa; não quero ofender você, mas se fosse um ato de loucura ela não teria voltado a falar. E aí um belo dia, apesar de tudo, ou uma bela noite, você sabe, você não pode negar, vocês foram chamados, ela falou. E você não pode me dizer que foi uma coincidência, um efeito do acaso! Eu não acredito nisso! Quero dizer, que foi um presente que ela estava dando pra vocês! O presente mais bonito que ela podia dar! Quero dizer, isso tem a sua importância! No dia e na hora do aniversário de vocês ela recomeça a falar! E ela diz o quê? Ela diz: "Agora que estamos juntos, melhorou!" "Agora que estamos juntos, melhorou!" Não é lá uma frase qualquer! Ela não disse: "Puxa vida! Bem que eu comeria um cachorro-quente com cebolas, ketchup e mostarda", ou então "Me passa o sal!" Não! "Agora que estamos juntos, melhorou." Hein! O enfermeiro ouviu. Ele ouviu. Por que ele teria inventado? Ele não poderia. Não poderia inventar uma coisa assim tão verdadeira. Você sabe, eu sei, sabemos todos, uma frase assim é a cara dela! Mas enfim, concordo com você! É verdade! Ela se calou durante anos. Concordo. E se não tivesse acontecido nada, eu teria minhas dúvidas também. OK! Mas mesmo assim, não se pode esquecer, é preciso, acho eu, levar isso em consideração. Ela praticou um ato de razão. "Agora que estamos juntos, melhorou!" Você não pode dizer que não. Negar. Negar seu aniversário! Não se nega esse tipo de coisas. Agora, com certeza! Com certeza, com certeza, com certeza, você tem a liberdade de fazer o que quiser, você tem a liberdade de não responder às vontades da sua mãe. Você não tem obrigação nenhuma. Mas você não pode exigir a mesma coisa dos outros. De mim. De sua irmã. Os fatos estão aí: sua mãe pede uma coisa a cada um de nós três, são suas vontades, e cada um faz o que quer. Até os condenados à morte têm direito a vontades. Por que não a sua mãe...

Simon sai.

Os envelopes estão comigo. Vou guardá-los. Hoje vocês não querem ouvir falar nisso, mas talvez mais tarde. Roma não foi feita à luz do dia. Tem que dar tempo ao tempo. Podem me ligar quando quiserem...

Jeanne sai por sua vez.

3. Teoria dos grafos e visão periférica

Sala de aula onde Jeanne ensina. Retroprojetor.

Jeanne liga o retroprojetor.

Início da aula.

JEANNE Não posso dizer hoje quantos de vocês passarão pelas provas que os aguardam. A matemática tal como vocês a conheceram até hoje teve como objetivo chegar a uma resposta estrita e definitiva partindo de problemas estritos e definitivos. A matemática na qual vocês estão se engajando seguindo este curso de introdução à teoria dos grafos é de natureza totalmente distinta, já que tratará de problemas insolúveis que levarão, vocês sempre, para outros problemas também insolúveis. As pessoas à sua volta vão ficar repetindo que isso que tanto perseguem é inútil. Sua maneira de falar vai mudar e, ainda mais profundamente, sua maneira de se calar e de pensar. E é justamente isso que não será perdoado. Muitas vezes vocês serão acusados de estarem dilapidando a inteligência de vocês com exercícios teóricos absurdos, em vez de utilizá-la em prol da pesquisa contra a aids ou de um tratamento contra o câncer. Vocês não terão nenhum argumento para se defender, pois seus próprios argumentos são de uma complexidade teórica absolutamente exaustiva. Bem-vindos à matemática pura, quer dizer, ao país da solidão. Introdução à teoria dos grafos.

Sala de treino. Simon e Ralph.

RALPH Sabe por que você perdeu a última luta, Simon? E sabe por que você perdeu a penúltima luta?

SIMON Eu não estava em forma, só isso.

RALPH Não é assim que você vai conseguir se classificar. Coloca as luvas.

JEANNE Vamos pegar um polígono simples com cinco lados chamados A, B, C, D e E. Vamos chamar esse polígono de polígono K. Vamos imaginar agora que esse polígono representa a planta de uma casa onde vive uma família. E que em cada canto dessa casa está postado um dos membros dessa família. Vamos substituir por um instante A, B, C, D e E pela avó, o pai, a mãe, o filho e a filha que vivem juntos no polígono K. Vamos fazer agora a pergunta para saber quem, do ponto de vista que ocupa, pode ver quem. A avó vê o pai, a mãe e a filha. O pai vê a mãe e a avó. A mãe vê a avó, o pai, o filho e a filha. O filho vê a mãe e a irmã. Enfim, a irmã vê o irmão, a mãe e a avó.

RALPH Você não está olhando! Tá cego! Não está vendo o jogo de pernas do cara que está na tua frente! Você não está vendo a retranca dele... A gente chama isso de problema de visão periférica.

SIMON OK, tudo bem!

JEANNE A gente chama essa aplicação de aplicação teórica da família que vive no polígono K.

RALPH Vai se aquecer!

JEANNE Agora, vamos tirar as paredes da casa e traçar arcos unicamente entre os membros que se veem.

O desenho ao qual chegamos é chamado de grafo de visibilidade do polígono K.

RALPH Tem três coisas para você observar.

JEANNE Existem então três parâmetros com os quais vamos lidar ao longo dos três próximos anos: as aplicações teóricas dos polígonos...

RALPH Você é o mais forte!

JEANNE Os grafos de visibilidade dos polígonos...

RALPH Nenhuma piedade pelo cara na tua frente!

JEANNE Enfim, os polígonos e sua natureza.

RALPH Se você ganhar você vira profissional!

JEANNE O problema é o seguinte: para todo polígono simples, posso facilmente – como acabamos de demonstrar – traçar o seu grafo de visibilidade e sua aplicação teórica. Agora, como posso, partindo de uma aplicação teórica, esta aqui por exemplo, traçar o grafo de visibilidade e assim encontrar a forma do polígono correspondente? Qual é a forma da casa onde vivem os membros dessa família representada por essa aplicação? Tentem desenhar o polígono.

Som de gongo. Simon parte logo pro ataque e boxeia as mãos de seu treinador.

RALPH Você não está aqui, não está concentrado!

SIMON Minha mãe morreu!

RALPH Pois então! A melhor maneira de superar isso é ganhando a tua próxima luta! Então levanta! E bate! Senão você não vai conseguir!

JEANNE Vocês não vão conseguir. Toda a teoria dos grafos repousa essencialmente sobre esse problema por enquanto impossível de ser resolvido. Ora, é essa impossibilidade que é linda.

Som de gongo do final do treino.

4. A conjectura a ser resolvida

De noite. Escritório do tabelião.

Hermile Lebel e a gêmea.

HERMILE LEBEL Com certeza, com certeza, com certeza, tem algumas vezes, assim, na vida, em que é preciso agir. Mergulhar. Fico contente que você tenha voltado. Contente por sua mãe.

JEANNE Você está com o envelope?

HERMILE LEBEL Está aqui. Este envelope não é para você, mas para o seu pai. Sua mãe deseja que você o encontre, e que você o entregue a ele.

Jeanne está prestes a deixar o escritório.

HERMILE LEBEL Ela também legou a você este casaco de brim verde com o número 72 nas costas.

Jeanne pega o casaco.

Você acredita que seu pai esteja vivo?

Jeanne sai. Pausa. Jeanne volta.

JEANNE Em matemática, 1 + 1 não dá 1,9 ou 2,2. Dá 2. Que você acredite ou não, dá 2. Que você esteja de bom humor ou muito infeliz, 1 + 1 dá 2. Pertencemos todos a um polígono, senhor Lebel. Eu achava que conhecia meu lugar no interior do polígono ao qual pertenço. Eu achava que eu era esse ponto, que só vê seu irmão Simon e sua mãe Nawal. Hoje, aprendi que é possível que do ponto de vista que ocupo, eu possa ver também meu pai; aprendi também que existe um outro membro desse polígono, um outro irmão. O grafo de visibilidade que sempre tracei está errado. Qual é meu lugar no polígono? Para encontrar, preciso resolver uma conjectura. Meu pai está morto. Isso é a conjectura. Tudo leva a crer que é verdadeira. Mas nada prova. Não vi seu cadáver, não vi seu túmulo. Pode ser, então, de 1 ao infinito, que meu pai esteja vivo. Até logo, senhor Lebel.

Jeanne sai. Nawal (14 anos) está no escritório.

Hermile Lebel sai do seu escritório e chama do corredor.

HERMILE LEBEL Jeanne!

NAWAL [*chamando*] Wahab!

HERMILE LEBEL Jeanne! Jeanne!

Hermile Lebel volta, pega o seu celular e digita.

NAWAL [*chamando*] Wahab!

WAHAB [*ao longe*] Nawal!

NAWAL [*chamando*] Wahab!

WAHAB [*ao longe*] Nawal!

HERMILE LEBEL Alô, Jeanne? / dr. Lebel / Acabo de pensar numa coisa.

NAWAL [*chamando*] Wahab!

WAHAB [*ao longe*] Nawal!

HERMILE LEBEL Sua mãe conheceu seu pai quando era muito jovem.

NAWAL [*chamando*] Wahab!

HERMILE LEBEL Estou lhe dizendo, não sei se você sabia.

WAHAB [*ao longe*] Nawal!

5. O que está aí

Aurora. Floresta. Pedra. Árvores brancas. Nawal (14 anos). Wahab.

NAWAL Wahab! Escuta. Não fala nada. Não. Não fala. Se você disser uma palavra, uma única, você pode me matar. Você ainda não sabe, você não sabe a felicidade que será nossa infelicidade. Wahab, tenho a impressão que a partir do momento em que deixar escapar as palavras que vão sair da minha boca, você vai morrer também. Vou me calar. Wahab, me promete então não dizer nada, por favor, estou cansada, por favor, deixa o silêncio. Vou me calar. Não diz nada. Não diz nada.

Ela se cala.

Te chamei a noite inteira. Corri a noite inteira. Eu sabia que eu ia te encontrar na pedra das árvores brancas. Eu queria urrar isso para que a aldeia inteira escutasse, para que as árvores ouvissem, que a noite ouvisse, para que a lua e as estrelas ouvissem. Mas eu não podia. Tenho que dizer no teu ouvido, Wahab, depois, não poderei mais te pedir para ficar nos meus braços mesmo que isso fosse o que eu mais quero no mundo, mesmo que eu tenha certeza de que serei para sempre incompleta se você ficar fora de mim, mesmo que menina ainda tenha encontrado você e com você caído nos braços da minha verdadeira vida, mesmo assim eu não poderei te pedir mais nada.

Ele a beija.

Tenho uma criança no meu ventre, Wahab! Meu ventre está cheio de ti. É uma vertigem, não é? É magnífico e horrível, não é? É um abismo e é como a liberdade das aves selvagens, não é? E não há mais palavras! Só o vento! Quando ouvi a velha Elhame me dizer, um oceano estourou na minha cabeça. Uma queimadura.

WAHAB Talvez Elhame esteja enganada.

NAWAL Elhame não se engana. Eu perguntei a ela: "Elhame, você tem certeza?" Ela riu. Acariciou o meu rosto. Disse que faz quarenta anos que ajuda todas as crianças da aldeia a nascer. Ela me tirou do ventre de minha mãe e ela tirou minha mãe do ventre da mãe dela. Elhame não se engana. Ela me prometeu não dizer nada a ninguém. "Não tenho nada a ver com isso", ela disse, "mas no mais tardar dentro de duas semanas você não vai mais poder esconder."

WAHAB Não vamos esconder.

NAWAL Vão nos matar. Você primeiro.

WAHAB A gente vai explicar.

NAWAL Você acha que vão nos ouvir?

WAHAB Do que você tem medo, Nawal?

NAWAL E você, não tem medo? [*tempo*]

Coloca tua mão. O que é isso? Não sei se é raiva, não sei se é medo, não sei se é felicidade. Onde estaremos, você e eu, daqui a cinquenta anos?

WAHAB Nawal, me escuta. Esta noite é um presente. Talvez eu não tenha cabeça para dizer isso, mas tenho coração, e ele é firme. É paciente. Vão gritar, vamos deixá-los gritar. Vão injuriar, vamos deixá-los injuriar. Pouco importa. No final, depois dos gritos e das injúrias, ficaremos você, eu e uma criança sua e minha. Teu rosto, meu rosto no mesmo rosto. Estou com vontade de rir. Vão me bater, mas eu sempre vou ter um filho no fundo da minha cabeça.

NAWAL Agora que estamos juntos, melhorou.

WAHAB Estaremos sempre juntos. Volta pra tua casa, Nawal. Espera que eles acordem. Quando te virem, ao amanhecer, sentada esperando por eles, eles vão te ouvir porque vão saber que alguma coisa importante aconteceu. Se você tiver medo, pensa que no mesmo momento eu estarei na minha casa, esperando que todos acordem. E direi a eles. O amanhecer não está longe. Pensa em mim como penso em ti, e não se perca na névoa. Não se esqueça: agora que estamos juntos melhorou.

Wahab vai embora.

6. Carnagem

Casa de Nawal (14 anos). Mãe e filha.

JIHANE Essa criança não é da tua conta, Nawal.

NAWAL Está no meu ventre.

JIHANE Esquece o teu ventre! Essa criança não é da tua conta. Não é da conta da tua família, não é da conta da tua mãe, não é da conta da tua vida.

NAWAL Coloco a minha mão aqui, já até vejo o rosto dela.

JIHANE O que você vê não importa! Essa criança não é da tua conta. Ela não existe. Ela não está aí.

NAWAL Elhame me disse. Ela me disse: "Você carrega um filho."

JIHANE Elhame não é tua mãe.

NAWAL Ela me disse.

JIHANE Pouco importa o que disse Elhame. Essa criança não existe.

NAWAL E quando estiver aqui?

JIHANE Não vai existir.

NAWAL Não estou entendendo.

JIHANE Seca tuas lágrimas!

NAWAL É você que está chorando!

JIHANE Não sou eu que estou chorando, é toda a tua vida que escorre! Você está voltando de longe, Nawal, você está voltando com teu ventre manchado, e você está de pé na minha frente, pra me dizer, aqui, com teu corpo de criança: estou amando e tenho meu amor inteiro no meu ventre. Você volta da floresta e diz que sou eu que choro. Acredita em mim, Nawal, essa criança não existe. Você vai esquecê-la.

NAWAL Não se esquece o próprio ventre!

JIHANE Esquece.

NAWAL Não vou conseguir!

JIHANE Então você vai escolher. Fica com essa criança e nesse instante, nesse instante, deixa essas roupas que está vestindo e que não te pertencem, deixa esta casa, deixa a tua família, tua aldeia, tuas montanhas, teu céu e tuas estrelas e me deixa...

NAWAL Mamãe.

JIHANE Me deixa, vai nua, com teu ventre e a vida que ele encerra. Ou então fica e ajoelha, Nawal, ajoelha.

NAWAL Mamãe.

JIHANE Deixa tuas roupas ou ajoelha!

Nawal se ajoelha.

Você vai ficar dentro desta casa como essa vida está dentro de você. Elhame virá tirar essa criança do teu ventre. E vai dar pra quem ela quiser.

7. A infância

Nawal (15 anos), sozinha num quarto.

NAWAL Agora que estamos juntos, melhorou. Agora que estamos juntos, melhorou. Agora que estamos juntos, melhorou.

NAZIRA Paciência, Nawal. Agora só te falta um mês.

NAWAL Eu deveria ter ido embora, vó, não me ajoelhar, dar minhas roupas, dar tudo, deixar a casa, a aldeia, tudo.

NAZIRA Tudo isso vem da miséria, Nawal. Nenhuma beleza em volta de nós. Só a raiva de uma vida dura e que machuca. Marcas de ódio em cada esquina. Ninguém aqui pra falar delicadamente. Você tem razão, Nawal, o amor que você tinha pra viver, você viveu e a criança que você vai ter será tirada de ti. Não te sobra nada. Lutar contra a miséria, talvez, ou então afundar nela.

Nazira não está mais no quarto. Alguém vem bater na janela.

VOZ DE WAHAB Nawal! Nawal, sou eu.

NAWAL Wahab!

VOZ DE WAHAB Escuta, Nawal. Não tenho muito tempo. Ao amanhecer vão me levar pra longe daqui e longe de você. Estou voltando da pedra das árvores brancas. Disse adeus ao lugar de minha infância e minha infância está cheia de ti, Nawal. Nawal, hoje à noite, a infância é uma faca que estão enfiando no meu pescoço. Para sempre vou ter na boca o gosto do teu próprio sangue. Eu queria te dizer isso. Eu queria te dizer que esta noite meu coração está cheio de amor, ele vai explodir. Em toda parte dizem pra mim que te amo demais; não sei o que quer dizer amar demais, não sei o que quer dizer estar longe de você, não sei o que quer dizer quando você não está. Eu deveria reaprender a viver sem você. Compreendo agora o que você quis dizer quando me perguntou: "Onde estaremos daqui a cinquenta anos?" Não sei. Mas em todo lugar onde eu estiver, você também estará. Sonhávamos em olhar para o oceano juntos. Pois bem, Nawal, digo a você, te juro, no dia em que eu o vir, a palavra oceano vai explodir dentro da tua cabeça e você vai cair em prantos pois saberá então que estou pensando em ti. Pouco importa onde estarei, estaremos juntos. Não há nada mais lindo do que estar juntos.

NAWAL Estou te ouvindo, Wahab.

VOZ DE WAHAB Não seca as tuas lágrimas, pois não vou secar as minhas durante toda esta noite, e quando você trouxer essa criança ao mundo, diga a ela meu amor por ela, meu amor por você. Diga a ela.

NAWAL Direi, te juro que direi. Por você e por mim. Soprarei no seu ouvido: "Aconteça o que acontecer, te amarei pra sempre." Também vou voltar à pedra das árvores brancas, direi, eu também, até logo à infância, e a infância será uma faca que vou enfiar no meu pescoço.

Nawal fica só.

8. Promessa

De noite. Parto de Nawal.

Elhame dá a criança para Nawal (15 anos).

ELHAME É um menino.

NAWAL Aconteça o que acontecer, te amarei pra sempre! Aconteça o que acontecer, te amarei pra sempre!

Nawal coloca escondido um nariz de palhaço nas fraldas da criança. Pegam a criança.

ELHAME Estou indo para o sul. Vou levar a criança comigo.

NAZIRA Estou me sentindo velha, como se eu tivesse mil anos. Eis os dias que passam e os meses que se vão. O sol se levanta e se põe. As estações que passam. Nawal que não diz nada, que se cala e que vagueia. Seu ventre foi embora e eu sinto o chamado da velha terra. Dor demais me acompanha desde muito tempo. Me deem a cama. Com o fim do inverno, ouço os passos da morte na água corrente dos riachos.

Nazira está de cama.

9. Ler, escrever, contar, falar

Nazira está morrendo.

NAZIRA Nawal!

Nawal (16 anos) vem correndo.

Segura a minha mão! Nawal!

Nawal, tem coisas que a gente tem vontade de dizer no momento da morte. Coisas que a gente gostaria de dizer às pessoas que a gente amou, que nos amaram... dizer a elas... para ajudá-las uma última vez... armá-las para a felicidade!... Faz um ano já, uma criança saiu do teu ventre e desde então você anda com a cabeça nas nuvens. Não caia, Nawal, não diga sim. Diga não. Recusa. Teu amor foi embora, tua criança foi embora. Ele fez um ano. Há apenas alguns dias. Não aceita, Nawal, não aceita nunca. Mas para poder recusar é preciso saber falar. Então se arma de coragem e trabalha duro! Escuta o que uma velha mulher que vai morrer tem pra te dizer: aprende a ler, aprende a escrever, aprende a contar, aprende a falar. Aprende. É tua única chance de não se parecer conosco. Promete isso pra mim.

NAWAL Te prometo.

NAZIRA Vão me enterrar daqui a dois dias. Vão me colocar na terra, com a cara virada pro céu, sobre o meu corpo eles vão lançar, cada um, um balde d'água, mas eles não vão marcar nada sobre a pedra pois nenhum deles sabe escrever. Você, Nawal, quando você souber, volta e grava meu nome sobre a pedra: "Nazira." Grava meu nome pois eu cumpri as minhas promessas. Estou indo embora, Nawal. Para mim, está terminando.

Nós todas, nossa família, as mulheres da nossa família, estamos presas numa teia de raiva há tanto tempo: eu estava com raiva da tua mãe e tua mãe está com raiva de mim e também de você, você está com raiva da tua mãe. Você também vai deixar pra tua filha a raiva como herança. É preciso quebrar o fio. Então aprende. Depois vai embora. Pega a tua juventude e toda a felicidade possível e deixa a aldeia. Você é o sexo deste vale. Nawal. Você é a sensualidade dele e o cheiro dele. Leva com você e te extirpa disso aqui como a gente é extirpada do ventre da mãe. Aprende a ler, a escrever, a contar, a falar: aprende a pensar. Nawal. Aprende.

Nazira morre.

Ela é levantada da cama.

Ela é colocada dentro de um buraco.

Cada um lança sobre seu corpo um balde d'água.

Está de noite.

Todo mundo se recolhe.

Um celular começa a tocar.

10. Enterro de Nawal

Cemitério. De dia.

Hermile Lebel Jeanne, Simon num cemitério.

Hermile Lebel atende.

HERMILE LEBEL Alô, sim, Hermile Lebel, tabelião / Sim, liguei, sim; já faz duas horas que estou tentando ligar / O que

que há? Justamente, não há nada! Era pra ter três baldes d'água na frente da cova, e não há nada / Sim, fui eu que liguei por causa dos baldes d'água / Como assim "qual é o problema, não tem problema algum", tem, sim, um problemão / Estou lhe dizendo que era pra ter três baldes d'água e aí não tem / Estamos no cemitério, onde você quer que a gente esteja, sua toupeira! Você é tapado ou o quê? Estamos aqui para o enterro de Nawal Marwan / Três baldes d'água / Claro que estava combinado, estava era isso: combinado; eu mesmo vim aqui e preveni todo mundo: enterro particular, precisamos só de três baldes d'água; não parecia assim lá muito complicado, eu mesmo disse ao encarregado do cemitério: "Quer que a gente traga os nossos baldes cada um de nós?" Ele me disse: "Imagina, a gente prepara pra vocês, vocês já estão bem abalados!" Eu disse que tudo bem; aí estamos aqui no cemitério e não tem balde d'água, e aqui estamos começando a ficar cada vez mais abalados... Quero dizer! É um enterro não uma partida de boliche! Aí quero dizer não somos lá muito complicados: sem caixão, sem pedra, nada, o mínimo possível! Sóbrio; fazemos isso ser sóbrio, só pedimos três míseros baldes d'água, aí a administração do cemitério não está apta a encarar o desafio. Quero dizer / Ah! não estão acostumados com pedidos de baldes d'água? / Mas não estamos pedindo que estejam acostumados, pedimos três baldes d'água! Não estamos pedindo pra vocês inventarem a corda / Sim, três / Não, um não, três / Ora o fato é que não pode, precisa de três / Não não dá pra pegar só um e encher três vezes! Queremos três baldes d'água cheios de uma só vez / Sim, tenho certeza / Pois sim, o que você quer que eu diga? Então tratem de procurar.

Desliga.

Vão procurar.

SIMON Por que você está fazendo tudo isso?

HERMILE LEBEL Isso o quê?

SIMON Tudo isso. O enterro, as vontades. Por que você está fazendo tudo isso?

HERMILE LEBEL Porque essa mulher que está no fundo desse buraco, a cara contra o chão, que chamei a vida inteira de senhora Nawal, é minha amiga. Minha amiga. Não sei se isso tem sentido pra você, mas eu não sabia que isso tinha tanto sentido pra mim.

O celular de Hermile Lebel toca.

Ele atende.

Alô, sim, Hermile Lebel, tabelião / Sim, bem, então o que está acontecendo? / Eles foram preparados e colocados diante de outra cova / Pois bem, houve um erro / Nawal Marwan / A eficiência de vocês é temerária.

Ele desliga.

Cada um pega um balde. E o esvazia dentro do buraco.

Nawal é enterrada e vão embora sem que uma pedra seja colocada.

11. Silêncio

De dia. O palco de um teatro.

Antoine está ali.

JEANNE Senhor Antoine Ducharme? Jeanne Marwan, sou filha de Nawal Marwan. Passei no hospital, me disseram que você não é mais enfermeiro desde a morte da minha mãe. Que atualmente você trabalha neste teatro. Eu vim. Eu queria saber se ela não disse nada mais.

ANTOINE A voz da sua mãe ressoa ainda nos meus ouvidos: "Agora que estamos juntos, melhorou." Foram exatamente as palavras que ela pronunciou. Liguei pra vocês imediatamente.

JEANNE Eu sei.

ANTOINE Durante cinco anos foi sempre o mesmo silêncio. Sinto muito.

JEANNE Agradeço mesmo assim.

ANTOINE O que você está procurando?

JEANNE Ela sempre nos disse que nosso pai tinha morrido durante a guerra no seu país natal. Procuro uma prova da morte dele.

Pausa.

ANTOINE Estou feliz que tenha vindo, Jeanne. Desde que ela morreu, estava hesitando, eu queria ligar pra vocês, você e seu irmão. Para dizer a vocês, explicar. Mas eu hesitava.

Hoje você está aqui, neste teatro, que bom. Então vou dizer. Ao longo de todos esses anos cuidando dela, eu ficava atordoado de tanto ouvir o silêncio da sua mãe. Uma noite, acordei com uma ideia esquisita. Talvez ela fale quando eu não estou? Talvez ela fale sozinha? Levei um gravador. Hesitei. Eu não tinha esse direito. Se ela fala sozinha, é uma escolha dela. Então eu prometi a mim mesmo não ouvir nunca. Gravar e nunca saber. Gravar.

JEANNE Gravar o quê?

ANTOINE Silêncio, o silêncio dela. De noite, antes de sair, eu ligava o gravador. Cada lado da fita cassete dava pra uma hora. Não achei nada melhor. No dia seguinte, eu virava a fita cassete, e antes de ir embora, eu botava de novo pra gravar. Gravei mais de quinhentas horas. Todas as fitas cassetes estão aqui. Tome. É o que posso fazer.

Jeanne pega a caixa.

JEANNE Antoine, o que você fez com ela durante esse tempo todo?

ANTOINE Nada. Muitas vezes eu sentava do lado dela. Falava com ela. Às vezes também eu colocava música. Fazia ela dançar.

Antoine coloca uma fita cassete dentro do gravador. Uma música. Jeanne sai.

INCÊNDIO DA INFÂNCIA

12. O nome sobre a pedra

Nawal (19 anos) diante do túmulo da sua avó.

Ela grava o nome de Nazira em árabe.

NAWAL Nun, aleph, zain, yé, rrâ! Nazira. Teu nome ilumina teu túmulo. Entrei na aldeia passando pela estrada de baixo. Minha mãe estava lá, no meio do caminho. Ela estava me esperando, acho. Ela devia imaginar. Por causa da data. A gente se olhou como duas estranhas. Um a um, os habitantes da aldeia foram chegando. Eu disse: "Voltei para gravar o nome de minha avó no seu túmulo." Eles riram: "Agora você sabe escrever?" Eu disse que sim. Eles riram. Um homem cuspiu em cima de mim. "Você sabe escrever mas não sabe se defender." Peguei o livro que estava no meu bolso. Bati com tanta força que a capa dobrou, ele caiu desmaiado. Continuei meu caminho. Minha mãe ficou olhando pra mim até eu chegar na fonte e virar pra subir até o cemitério e chegar aqui no teu túmulo. Teu nome está gravado, vou-me embora. Vou encontrar meu filho. Cumpri a promessa que te fiz, vou cumprir a promessa que fiz a ele, no dia do nascimento dele. Aconteça o que acontecer, te amarei pra sempre. Obrigada, vó.

Nawal sai.

13. Sawda

Nawal (19 anos) num caminho chapado pelo sol. Sawda está ali.

SAWDA Vi você! De longe, te observei quando gravou o nome da tua avó na pedra. Depois você se levantou de repente e saiu correndo. Por quê?

NAWAL E você, por que me seguiu?

SAWDA Eu queria te ver escrevendo. Ver se isso existia mesmo. Aqui, o boato saiu se espalhando logo de manhã bem cedo. Depois de três anos, você estava de volta. Lá no acampamento diziam: "Nawal voltou, ela sabe escrever, ela sabe ler." Estava todo mundo rindo. Corri pra te esperar na entrada da aldeia, mas você já tinha chegado. Vi você bater naquele homem com o livro, e fiquei olhando o livro tremer na tua mão e pensei em todas as palavras, em todas as letras, pelando com a raiva que habitava o teu rosto. Você saiu e eu fui atrás.

NAWAL O que você quer?

SAWDA Me ensina a ler, a escrever.

NAWAL Não sei.

SAWDA Você sabe, sim! Não mente. Eu vi.

NAWAL Estou indo embora. Deixando a aldeia. Então não posso te ensinar.

SAWDA Vou atrás de você. Sei aonde você vai.

NAWAL E como você saberia?

SAWDA Eu conhecia Wahab. Somos do mesmo acampamento. Éramos da mesma aldeia. É um refugiado do sul, como eu. Na noite em que o levaram, ele urrava o teu nome.

NAWAL Você quer encontrar Wahab de novo?

SAWDA Não fica zombando de mim. Eu sei aonde você vai, estou te dizendo. Não é Wahab que você quer encontrar. É a tua criança. Teu filho. Viu, não estou enganada. Me leva com você e me ensina a ler. Em troca, vou te ajudar. Sei viajar e duas pessoas são mais fortes que uma. Duas mulheres lado a lado. Me leva. Se você ficar triste, eu canto, se você ficar fraca, eu te ajudo, te carrego. Aqui não tem nada. Levanto de manhã cedo, dizem pra mim: "Sawda, olha o céu". Mas não me dizem nada sobre o céu. Dizem pra mim: "Olha o vento". Mas não me dizem nada sobre o vento. Me mostram o mundo e o mundo está mudo. E a vida passa e é tudo opaco. Vi as letras que você gravou e pensei: eis um nome. Como se a pedra tivesse se tornado transparente. Uma palavra e tudo se ilumina.

NAWAL E teus pais?

SAWDA Meus pais não me dizem nada. Não me contam nada. Eu pergunto: "Por que saímos do sul?" Eles dizem: "Esquece. Não adianta. Não pensa mais nisso. O sul não existe. Não tem importância nenhuma. Estamos vivos e temos o que comer. É o que conta." Eles dizem: "Aqui a guerra não vai alcançar a gente." Respondo: "Vai nos alcançar, sim. A terra está ferida por um lobo vermelho que a devora." Meus pais não contam nada. Eu digo pra eles: "Eu me lembro. Fugimos no meio da noite, uns homens nos expulsaram da nossa casa. Destruíram ela." Eles me dizem: "Esquece." Eu digo: "Por que meu pai ficou de joelhos chorando diante da casa queimada? Quem tacou fogo?" Me respondem: "Nada disso é verdade. Você sonhou, Sawda, sonhou." Então não quero mais ficar aqui. Wahab gritava teu nome e era como um milagre no meio da noite. Se eu fosse levada, nenhum nome sairia da minha garganta. Nenhum. Como amar aqui? Nenhum amor, amor nenhum, e como me dizem "esquece, Sawda, esquece", então vou esquecer. Esquecer a aldeia, as montanhas e o acampamento e o rosto da minha mãe e os olhos devastados do meu pai.

NAWAL Não dá pra esquecer, Sawda, te juro. Mas assim mesmo vem.

Elas saem.

14. Irmão e irmã

Simon diante de Jeanne.

SIMON A universidade está te procurando. Teus colegas estão te procurando. Teus alunos estão te procurando. Estão me ligando, todo mundo tem me ligado: "Jeanne não aparece mais na universidade. A gente não sabe mais onde está Jeanne. Os estudantes não sabem mais o que fazer." Te procuro. Te ligo. Você não atende.

JEANNE O que você quer, Simon? Por que você veio até minha casa?

SIMON Porque todo mundo está pensando que você morreu!

JEANNE Estou bem. Pode ir embora.

SIMON Não, você não está bem e eu não vou embora.

JEANNE Não grita.

SIMON Você está fazendo a mesma coisa que ela.

JEANNE O que estou fazendo só diz respeito a mim, Simon.

SIMON Não! Diz respeito a mim também. Você só tem a mim e eu a você. E você está fazendo como ela fazia.

JEANNE Não estou fazendo nada.

SIMON Você está se calando. Não diz mais nada. Como ela. Um dia ela chega e se fecha no quarto. Fica sentada. Um dia. Dois dias. Três dias. Não come. Não bebe. Desaparece. Uma vez. Duas vezes. Três vezes. Quatro vezes. Volta. Se cala. Vende os móveis. Você não tem mais móveis. O telefone dela tocava, ela não atendia. Teu telefone toca, você não atende. Ela se fechava. Você está se fechando. Se calando.

JEANNE Simon. Vem sentar ao meu lado. Escuta. Escuta aqui.

Jeanne dá um dos fones para Simon, que o cola contra o ouvido. Jeanne cola o outro fone contra o seu. Os dois escutam o silêncio.

JEANNE Dá pra ouvir ela respirar.

SIMON Você fica ouvindo silêncio!...

JEANNE É o silêncio dela.

Nawal (19 anos) ensina o alfabeto árabe a Sawda.

NAWAL Aleph, bé, ta, szâ, jîm, hâ, khâ...

SAWDA Aleph, bé, ta, szâ, jîm, hâ, khâ...

NAWAL Dâl, dââl, rrâ, zâ, sîn, shîn, sâd, dââd...

SIMON Você está enlouquecendo, Jeanne.

JEANNE O que você sabe de mim? Dela? Nada. Você não sabe nada. Como é que a gente faz agora pra viver?

SIMON Você joga as fitas cassetes fora. Volta pra universidade. Continua dando tuas aulas e termina o teu doutorado.

JEANNE Quero que meu doutorado se dane!

SIMON Você quer que tudo se dane!

JEANNE Não adianta nada te explicar, você não vai entender. 1 e 1 dá 2, nem isso você entende!

SIMON É verdade que a gente tem que falar com você em números! Se o teu professor de matemática te dissesse que você está enlouquecendo, você o escutaria. Mas o teu irmão, não. Ele é muito grosso, muito babaca!

JEANNE Eu disse que estava cagando pro meu doutorado! Tem alguma coisa no silêncio da minha mãe que eu quero compreender, que EU quero compreender!

SIMON E EU te digo que não tem nada pra compreender!

JEANNE Não enche o meu saco!

SIMON Não enche o meu saco você!

JEANNE Vai embora, Simon! A gente não deve nada um pro outro! Sou tua irmã, não tua mãe, você é mou irmão, não meu pai!

SIMON Dá no mesmo!

JEANNE Não! Não dá no mesmo!

SIMON Dá, sim!

JEANNE Me deixa, Simon.

SIMON O tabelião está nos esperando daqui a três dias para assinar toda a papelada. Você vai?... Você vai, Jeanne... Jeanne... Responde, você vai?

JEANNE Vou. Agora se manda.

Simon se manda.

Nawal e Sawda andam lado a lado.

SAWDA Aleph, bé, ta, szâ, jîm, hâ, khâ, dâl, dââl, rrâ, zâ, sîn, shîn, sâd... tââ... não...

NAWAL Começa de novo...

JEANNE Por que você não disse nada? Diz alguma coisa, fala comigo. Antoine não está aí. Você sabe que ele está te gravando. Você sabe que ele não vai ouvir nada. Você sabe que ele vai dar as fitas pra gente. Você sabe. Você entendeu tudo. Então fala! Por que você não diz nada pra mim? Por que você não diz nada pra mim?

Jeanne joga o seu walkman.

15. Alfabeto

Nawal (19 anos) e Sawda numa estrada de calor.

SAWDA Aleph, bé, ta, szâ, jîm, hâ, khâ, dâl, dââl, rrâ, zâ, sîn, shîn, sâd, dââd, tââ, zââ, ainn, rainn, fâ, kââf, kâf, lâm, mime, noûn, hah, lamaleph, wâw, ya.

NAWAL Isso é o alfabeto. Tem 29 sons. Vinte e nove letras. São tuas munições. Teus cartuchos. Você tem que conhecer sempre. Como você vai colocando as letras umas com as outras é o que forma as palavras.

SAWDA Olha. Chegamos na primeira aldeia do sul. É a aldeia de Nabatiyé. Ali tem um primeiro orfanato. Vamos lá ver.

Elas cruzam com Jeanne. Jeanne escuta o silêncio.

16. Por onde começar

Jeanne chega ao palco do teatro.

Música ensurdecedora.

JEANNE [*chamando*] Antoine... Antoine... Antoine!

Antoine entra. A música está alta demais para que possam falar. Antoine faz sinal para ela esperar. A música para.

ANTOINE É o técnico de som do teatro. Está fazendo uns testes.

JEANNE Antoine, me ajuda.

ANTOINE O que você quer que eu faça?

JEANNE Não sei por onde começar.

ANTOINE Tem que começar pelo início.

JEANNE Não tem nenhuma lógica.

ANTOINE Quando foi que sua mãe parou de falar?

JEANNE No verão de 1997. No mês de agosto. Dia 20. No dia do nosso aniversário. Ela volta pra casa e se cala. Ponto.

ANTOINE O que aconteceu nesse dia?

JEANNE Na época, ela acompanhava uma série de processos no Tribunal Penal Internacional.

ANTOINE Por quê?

JEANNE Tinha relação com a guerra que tinha devastado o país onde ela nasceu.

ANTOINE Mas nesse dia aí?

JEANNE Nada. Nada. Li e reli cem vezes os autos do processo para tentar compreender.

ANTOINE Você não achou mais nada?

JEANNE Nada. Uma pequena foto. Ela já tinha me mostrado. Ela, aos 35 anos, com uma amiga. Olha aqui.

Ela mostra a foto.

Antoine examina a foto.

Nawal (19 anos) e Sawda no orfanato deserto.

SAWDA Nawal. Não tem ninguém. O orfanato está deserto.

NAWAL O que aconteceu?

SAWDA Não sei.

NAWAL E as crianças, onde estão?

SAWDA Não tem mais criança. Vamos ver em Kfar Rayat. É lá que fica o orfanato mais importante.

Antoine pega a foto.

ANTOINE Me empresta essa foto. Vou fazer uma ampliação. Vou observar pra você. Estou acostumado a prestar atenção nos mínimos detalhes. É por aí que tem que começar. Sinto falta da sua mãe. Vejo ela de novo. Sentada. Silenciosa. Não com um olhar louco. Não com um olhar perdido. Lúcido e decidido.

JEANNE O que você está olhando, mamãe, o que você está olhando?

17. O orfanato de Kfar Rayat

Nawal (19 anos) e Sawda no orfanato de Kfar Rayat.

NAWAL No orfanato de Nabatiyé não tinha ninguém. Viemos pra cá. Pra Kfar Rayat.

MÉDICO Não deveriam. Aqui também não tem mais criança.

NAWAL Por quê?

MÉDICO A guerra.

SAWDA Que guerra?

MÉDICO Quem sabe? Ninguém entende. Os irmãos atiram nos seus irmãos e os pais nos seus pais. Uma guerra. Mas que guerra? Um dia 500 mil refugiados chegaram do outro lado da fronteira. Disseram: "Fomos expulsos de nossas terras, deixem a gente viver junto com vocês." Pessoas daqui disseram que sim, pessoas daqui disseram que não, pessoas daqui fugiram. Milhões de destinos. E não se sabe mais quem atira em quem e por quê. É a guerra.

NAWAL E as crianças que estavam aqui, onde estão?

MÉDICO Tudo aconteceu muito depressa. Os refugiados chegaram. Pegaram todo mundo. Até os recém-nascidos. Todo mundo. Estavam enfurecidos.

SAWDA Por quê?

MÉDICO Pra se vingar. Há dois dias, os milicianos enforcaram três adolescentes refugiados que se aventuraram fora dos acampamentos. Por que os milicianos enforcaram os três adolescentes? Porque dois refugiados do acampamento tinham violentado e matado uma garota da aldeia de Kfar Samira. Por que esses dois caras violentaram essa garota? Porque os milicianos tinham apedrejado uma família de refugiados. Por que os milicianos apedrejaram essa família? Porque os refugiados tinham tacado fogo numa casa perto do morro do tomilho. Por que os refugiados tinham tacado fogo na casa? Para se vingar dos milicianos que tinham destruído um poço aberto por eles. Por que os milicianos tinham destruído o poço? Porque os refugiados tinham queimado uma colheita do lado do rio do cão. Por que eles tinham queimado a colheita? Deve certamente ter uma razão, minha memória para aqui, não consigo ir mais longe, mas a história pode continuar ainda por muito tempo, uma coisa levando a outra, de fúria em fúria, de dor em tristeza, de estupro em assassinato, até o início do mundo.

NAWAL Para onde foram?

MÉDICO Para o sul. Nos acampamentos. Agora todo mundo está com medo. Represálias são esperadas.

NAWAL Você conhecia todas as crianças?

MÉDICO Sou o médico que cuidava delas.

NAWAL Quero encontrar meu filho.

MÉDICO Você não vai mais conseguir.

NAWAL Vou, sim. Um menino de 4 anos. Chegou aqui alguns dias depois do seu nascimento. Foi a velha Elhame que o tirou do meu ventre e o levou.

MÉDICO E você, deu por quê?

NAWAL Tiraram de mim! Eu não dei. Tiraram de mim! Será que ele estava aqui?

MÉDICO Elhame trazia muitas crianças para Kfar Rayat.

NAWAL Sim, mas ela não trouxe muitos por volta da primavera de quatro anos atrás. Um recém-nascido. Um menino. Vindo do norte. Vocês têm um registro?

MÉDICO Não tem mais.

NAWAL Uma faxineira, uma cozinheira, alguém que se lembre. Se lembre de ter achado o menino lindo. De ter tomado ele das mãos de Elhame.

MÉDICO Sou médico, não administrador. Faço a ronda de todos os orfanatos. Não posso saber de tudo. Vá ver nos acampamentos. No sul.

NAWAL E as crianças, dormiam onde?

MÉDICO Nesta sala.

NAWAL Onde está você? Onde está você?

JEANNE O que você está olhando, mamãe?

NAWAL Agora que estamos juntos, melhorou.

JEANNE O que você quis dizer com isso?

NAWAL Agora que estamos juntos, melhorou.

JEANNE Agora que estamos juntos, melhorou.

De noite. Hospital. Antoine chega correndo.

ANTOINE O quê? O quê? Nawal! Nawal!

SAWDA Nawal!

ANTOINE O que você disse? Nawal!

Antoine pega um gravador aos pés de Nawal (64 anos).

NAWAL Se eu pudesse voltar no tempo, ele estaria nos meus braços...

SAWDA Aonde você vai?

ANTOINE Senhorita Jeanne Marwan?

NAWAL Pro sul.

ANTOINE Antoine Ducharme, enfermeiro de sua mãe.

SAWDA Espera! Espera! Nawal, espera!

ANTOINE Ela falou, sua mãe falou.

Nawal sai.

18. Fotografia e ônibus do sul

Antoine e Jeanne na universidade. Foto de Nawal (35 anos) e Sawda projetada na parede.

ANTOINE Estamos no país da sua mãe. É verão, dá pra ver pelas flores que estão atrás delas. São umas plantas selvagens que crescem em junho e julho. As árvores são pinheiros mansos. Tem muito nessa região. No ônibus ali no fundo, queimado, tem umas pichações. Perguntei para o comerciante árabe perto da minha casa, ele leu: "Refugiados de Kfar Rayat."

JEANNE Procurei no histórico do processo. Um dos capítulos mais longos trata de uma prisão construída durante a guerra, em Kfar Rayat.

ANTOINE Agora olha aqui. Está vendo, em cima da mão dela...

JEANNE O que é isso?

ANTOINE A coronha de uma pistola. A amiga dela também, ali, dá pra perceber debaixo da blusa.

JEANNE O que elas faziam com pistolas?

ANTOINE A foto não diz. Talvez elas trabalhassem como guardas na prisão. A prisão foi construída quando?

JEANNE Mil novecentos e setenta e oito. Segundo o processo.

ANTOINE Bem. Sabemos que sua mãe estava, lá pelo final dos anos 1970, nos arredores da aldeia Kfar Rayat, onde uma prisão foi construída. Ela tinha uma amiga cujo nome ignoramos e as duas carregavam pistolas.

Silêncio.

Tudo bem? Tudo bem, Jeanne?

JEANNE Não, nada bem.

ANTOINE Do que você está com medo, Jeanne?

JEANNE De encontrar.

ANTOINE O que você vai fazer agora?

JEANNE Comprar uma passagem aérea.

Nawal (19 anos) espera o ônibus. Sawda está do lado dela.

SAWDA Vou embora com você.

NAWAL Não.

SAWDA Não vou te deixar!

NAWAL Você tem certeza que tem um ônibus que passa por esta estrada?

SAWDA Passa por este caminho. É usado pelos refugiados que voltam para os acampamentos. A poeira que você vê lá adiante deve ser ele. Nawal, o médico disse que era melhor esperar. Ele disse que certamente vai haver represálias nos acampamentos por causa do rapto das crianças.

NAWAL Então eu tenho que estar lá!

SAWDA Um dia a mais ou a menos, Nawal!

NAWAL Um dia a mais para eu tê-lo nos meus braços. Sawda, olho pro sol e penso que ele olha para o mesmo sol. Um pássaro passa no céu, ele talvez esteja olhando para o mesmo pássaro. Uma nuvem ao longe, penso que está em cima dele, que ele corre para se proteger da chuva. A cada instante penso nele e cada instante é como uma promessa de meu amor por ele. Hoje ele fez quatro anos. Ele sabe andar, ele sabe falar e ele deve ter medo do escuro.

SAWDA Se você morrer, de que vai adiantar?

NAWAL Se eu morrer, é que ele já morreu.

SAWDA Nawal... Não vai pra lá hoje!

NAWAL Não me diz o que devo fazer.

SAWDA Você prometeu me ensinar.

NAWAL Não te prometi nada. Nossos caminhos param aqui, Sawda.

O ônibus chega. Nawal sobe. O ônibus parte.

Sawda fica no caminho.

19. Os gramados do subúrbio

Casa de Hermile Lebel.

No seu jardim.

Hermile. Jeanne. Simon.

Trânsito e britadeiras nas proximidades.

HERMILE LEBEL Nem todo dia é dia santo, com certeza, mas de vez em quando faz bem. Chego no escritório, o proprietário estava lá. Fui logo deduzindo que "nesse rato tinha tuba". Ele me disse: "Senhor Lebel, o senhor não pode entrar, estamos trocando o assoalho, estamos tirando o carpete." Eu disse: "Poderiam ter me avisado, estou cheio de trabalho, e esperando uns clientes." Ele disse: "De todo modo o senhor está sempre ocupado, fosse hoje ou amanhã, o senhor teria reclamado." "Não estou reclamando, queria só mesmo ter sido avisado, disse pra ele, principalmente porque estou num período de *rush*." Aí ele olha pra mim e diz, pra mim: "É porque o senhor não é nada organizado." Opa! Nada organizado. Eu. "Vocês é que não são organizados, vão entrando assim, como se fosse a casa da Madre Joana, pra me dizer: estou trocando seu assoalho!" "Pois é!", ele responde. Aí então eu disse pra ele, eu também: "Pois é!" E fui embora. Sorte eu ter conseguido falar com vocês. Saiam, saiam, saiam, não fiquem dentro de casa, enfim, está um forno. Venham para o jardim. Com esse calor, a grama fica logo amarela. Vou ligar os jatos d'água. Vai refrescar a gente.

Hermile Lebel liga a torneira para regar a grama. Jeanne e Simon se aproximam de Hermile. Barulho de britadeiras.

HERMILE LEBEL Estão trocando o asfalto. Vai ficar assim até o início do inverno. Saiam, saiam, saiam. Pois é, estou contente de recebê-los na minha casa. É a casa dos meus pais. Antes, aqui era campo até perder de vista. Hoje tem o Canadian Tire e a central elétrica. Melhor que um gasômetro, com certeza. É o que papai dizia logo antes de morrer. A morte é melhor que um gasômetro. Ele morreu aqui no quarto dele, ali em cima. A papelada está comigo.

Barulho de britadeiras.

HERMILE LEBEL Por causa das obras, desviaram a linha de ônibus. Colocaram um ponto bem ali, do outro lado do muro do meu jardim. Todos os ônibus que passam param aqui, e cada vez que um ônibus para, penso na mãe de vocês. Pedi uma pizza. Vamos comer juntos. Vem o combo: licores, batata frita e chocolates. Pedi completa sem calabresa por causa da digestão. É uma pizzaria indiana, as pizzas são realmente muito boas, não sou de cozinhar, o fato é que então mando trazer.

SIMON OK, vamos resolver logo isso. Tenho uma luta hoje à noite e já estou atrasado.

HERMILE LEBEL Boa ideia. Enquanto a gente espera a pizza, a gente vai tratando da papelada.

JEANNE Por que você pensa na nossa mãe toda vez que um ônibus para?

HERMILE LEBEL Por causa da fobia dela!

JEANNE Que fobia?

HERMILE LEBEL Sua fobia de ônibus. Todos os documentos estão aqui e estão autenticados. Vocês não sabiam?

JEANNE Não!

HERMILE LEBEL Ela nunca subiu num ônibus.

JEANNE Será que ela disse por quê?

HERMILE LEBEL Disse. Quando ela era jovem, ela viu um ônibus cheio de civis ser metralhado na frente dela. Um caso pavoroso.

JEANNE Como é que você sabe disso?

Barulho de britadeiras.

HERMILE LEBEL Ela me contou.

JEANNE Mas por quê, por que ela disse isso pra você?

HERMILE LEBEL Mas como é que eu vou saber? Porque eu perguntei pra ela!

Hermile apresenta os documentos. Jeanne e Simon assinam onde ele indica.

HERMILE LEBEL Então esses documentos encerram o assunto da sucessão. Menos no que diz respeito às últimas vontades. Pelo menos pra você, Simon.

SIMON Por que pra mim?

HERMILE LEBEL Porque você ainda não pegou o envelope destinado a seu irmão.

Simon olha para Jeanne.

JEANNE Pois é, peguei o envelope.

SIMON Não estou entendendo...

Barulho de britadeiras.

JEANNE O que você não está entendendo?

SIMON Não estou entendendo o teu jogo!

JEANNE Não tem nenhum jogo.

SIMON Por que você não me falou nada?

JEANNE Simon, já basta o que estou tendo que fazer pra ter forças!

SIMON O que você vai fazer, Jeanne? Vai correr por toda parte gritando: "Papai, papai, cadê você? Sou tua filha?" Não é um problema matemático, pô! Você não vai chegar a resposta nenhuma! Não tem resposta! Não tem mais nada...

JEANNE Não quero discutir com você, Simon!

SIMON ... Não tem pai, não tem irmão, só você e eu.

JEANNE O que ela lhe disse exatamente sobre o ônibus?

SIMON O que você vai fazer? Hein? Vai achar esse cara onde? Porra.

JEANNE O que ela lhe disse?

SAWDA [*urrando*] Nawal!

SIMON Esquece essa merda desse ônibus e me responde! Vai achar ele onde?

Barulho de britadeiras.

JEANNE O que ela lhe contou?

SAWDA Nawal!

HERMILE LEBEL Ela me contou que ela tinha acabado de chegar numa cidade...

SAWDA [*para Jeanne*] Você não viu uma moça chamada Nawal?

HERMILE LEBEL Um ônibus passou na frente dela...

SAWDA Nawal!

HERMILE LEBEL Lotado de gente!

SAWDA Nawal!

HERMILE LEBEL Uns homens chegaram correndo, bloquearam o ônibus, ensoparam ele com gasolina e aí outros homens chegaram com metralhadoras e...

Longa sequência de barulhos de britadeiras que encobrem inteiramente a voz de Hermile Lebel. Os jatos no gramado espirram sangue e inundam tudo. Jeanne sai.

NAWAL Sawda!

SIMON Jeanne! Jeanne, volta!

NAWAL Eu estava dentro do ônibus, Sawda, eu estava com eles! Quando nos encharcaram com gasolina eu gritei: "Não sou do acampamento, não sou uma refugiada do acampamento, sou uma de vocês, procuro meu filho que tiraram de mim!" Então eles me deixaram descer, e depois, depois, eles atiraram, e de repente, realmente de repente, o ônibus explodiu com todos os que estavam ali dentro, explodiu com os velhos, as crianças, as mulheres, tudo! Uma mulher tentava sair pela janela, mas os soldados atiraram nela, e ela ficou assim, montada na borda da janela, seu filho no colo no meio do fogo, e sua pele derreteu, e a pele da criança derreteu e tudo derreteu e todo mundo foi queimado! Não existe mais tempo, Sawda. Não existe mais tempo. O tempo é uma galinha cuja cabeça foi cortada, o tempo corre como um louco, pra lá e pra cá, e de seu pescoço decapitado o sangue vai nos inundando e nos afogando.

SIMON [*no telefone*] Jeanne! Jeanne, só tenho você. Jeanne, você só tem a mim. Não temos outra escolha só esquecer! Liga pra mim, Jeanne, liga pra mim!

20. No coração do polígono

Simon se veste para a luta.

Jeanne, uma mochila nas costas. Celular na mão.

JEANNE Simon. É Jeanne. Estou no aeroporto. Simon, estou ligando pra te dizer que estou indo viajar. Vou tentar encontrar esse pai, e se eu encontrar, se ele ainda estiver vivo, vou entregar o envelope. Não é por ela, é por mim. É por você. Pelo que vem por aí. Mas pra isso é primeiro ela, é a mamãe que eu tenho que encontrar, na sua vida de antes, nessa que durante todos esses anos ela escondeu da gente. Vou desligar, Simon. Vou desligar e mergulhar de cabeça, mergulhar longe, muito longe dessa geometria precisa que estruturava minha vida. Aprendi a escrever e a contar, a ler e a falar. Tudo isso não serve mais pra nada. O abismo no qual vou me enfiar, esse pra dentro do qual já estou escorregando, é o abismo do silêncio dela. Simon, será que você está chorando, será?

Luta de Simon. Ele é nocauteado.

Pra onde você está me puxando, mamãe? Pra onde você está me puxando?

NAWAL Pro coração do polígono, Jeanne, pro coração do polígono.

Jeanne coloca os fones nos ouvidos, insere uma nova fita cassete e volta a escutar o silêncio da mãe dela.

INCÊNDIO DE JANNAANE

21. A guerra dos cem anos

Nawal (40 anos) e Sawda. Local destruído. Dois cadáveres jazem no chão.

SAWDA Nawal!

NAWAL Eles estiveram também na casa de Abdelhammas. Mataram Zan, Mira, Abiel. Na casa de Madelwaad, procuraram por toda parte, não o encontraram, então degolaram a família toda. A filha mais velha, eles queimaram viva.

SAWDA Estou voltando da casa de Halam. Eles também foram até lá. Não o encontraram. Levaram a filha dele e a mulher. Ninguém sabe pra onde.

NAWAL Eles mataram todos os que dão dinheiro pro jornal, Sawda. Todos os que trabalham lá. Tacaram fogo na gráfica. Queimaram o papel, jogaram a tinta fora. E aqui. Está vendo? Mataram Ekal e Faride. É a nós que eles estão procurando, Sawda, eles estão nos procurando, e se a gente ficar mais uma hora aqui, eles vão nos achar e nos matar. Então vamos para os acampamentos.

SAWDA Vamos pra casa dos meus primos, teremos um pouco mais de segurança.

NAWAL Segurança...

SAWDA Queimaram também a casa dos que leem o jornal.

NAWAL Então isso não acabou. Te juro. Pensei bem. Estamos no início da guerra de cem anos. No início da última guerra do mundo. Estou te dizendo, Sawda, nossa geração é uma geração "interessante", se é que você me entende. Visto de cima, deve ser muito instrutivo, ver a gente se debatendo tentando dizer o que é bárbaro, o que não é. Sim. "Interessante." Uma geração criada na vergonha, juro a você. Realmente. Na encruzilhada dos caminhos. Se essa guerra terminar, então o tempo vai terminar também. O mundo não sabe, mas se a gente não achar logo uma solução pra esses massacres, ninguém nunca vai achar.

SAWDA Mas onde está a guerra? Que guerra?

NAWAL Você sabe. Irmão contra irmão, irmã contra irmã. Civis enfurecidos.

SAWDA E vai durar quanto tempo?

NAWAL Não sei.

SAWDA Os livros não dizem?

NAWAL Os livros, ótimo, mas os livros estão sempre ou muito atrasados ou muito adiantados. Tem um efeito cômico nisso tudo. Destruíram o jornal, farão um outro. Ele se chamava *A luz do dia*, vai se chamar *O canto da aurora*. Não estamos sem recursos. As palavras são horríveis. É preciso ficar lúcido. Enxergar. Fazer como os antigos: tentar ler presságios no voo dos pássaros. Adivinhar.

SAWDA Adivinhar o quê? Ekal morreu. A máquina fotográfica dele ficou. Imagens quebradas. Uma vida destruída. Que mundo é esse onde os objetos têm mais esperança do que cada um de nós?

Tempo. Sawda canta como se rezasse.

22. Abdessamad

Jeanne está na aldeia natal de Nawal.

Abdessamad está diante dela.

JEANNE O senhor é Abdessamad Darazia? Me disseram pra vir falar com o senhor porque o senhor conhece todas as histórias da aldeia.

ABDESSAMAD As verdadeiras e as falsas também.

JEANNE O senhor se lembra de Nawal? [*mostrando a foto pra ele*] Essa aqui. Ela nasceu e cresceu nesta aldeia.

ABDESSAMAD Tem a Nawal que foi embora com Sawda. Mas isso é uma lenda.

JEANNE Quem é Sawda?

ABDESSAMAD Uma lenda. Era chamada a menina que canta. Uma voz doce e profunda. Seu canto vinha sempre em boa hora. Uma lenda.

JEANNE Mas e Nawal? Nawal Marwan?

ABDESSAMAD Nawal e Sawda. Uma lenda.

JEANNE O que diz a lenda?

ABDESSAMAD Diz que uma noite separaram Nawal e Wahab.

JEANNE Quem é Wahab?

ABDESSAMAD Uma lenda! Dizem que se a gente ficar muito tempo nas florestas, em volta da pedra das árvores brancas, a gente ouve o riso deles.

Wahab e Nawal (14 anos) na pedra das árvores brancas. Nawal abre um presente.

WAHAB Trouxe um presente pra você, Nawal.

NAWAL Um nariz de palhaço!!

WAHAB O mesmo que a gente viu quando o teatro ambulante passou. Você ria tanto! Você dizia: "O nariz dele! O nariz! Olha o nariz dele!" E como eu gostava de ouvir teu riso. Fui até o acampamento deles, quase fui devorado pelo leão, pisoteado pelo elefante, tive que parlamentar com os tigres, devorei três cobras e entrei na tenda do palhaço, o palhaço estava dormindo, o nariz dele estava em cima da mesa, peguei e saí correndo!

ABDESSAMAD No cemitério, ainda tem a pedra onde, segundo a lenda, Nawal gravou o nome da avó dela. Letra por letra. Primeiro epitáfio do cemitério. Ela tinha aprendido a escrever. Depois ela foi embora, Sawda com ela, e a guerra chegou. Nunca é bom sinal quando a juventude foge.

JEANNE Kfar Rayat, onde fica?

ABDESSAMAD No inferno.

JEANNE Mais precisamente.

ABDESSAMAD No sul. Perto de Nabatiyé. Siga a estrada.

Abdessamad sai. Jeanne liga.

JEANNE Alô, Simon, é Jeanne. Estou ligando da aldeia natal da mamãe. Escuta. Escuta os barulhos da aldeia.

Jeanne sai segurando o telefone com o braço esticado.

23. A vida está em volta da faca

Sawda e Nawal (40 anos) saem da aldeia. Manhã. Chega um miliciano.

MILICIANO Quem são vocês? De onde vêm? As estradas estão fechadas para os viajantes.

NAWAL Viemos de Nabatiyé e vamos para Kfar Rayat.

MILICIANO Talvez vocês sejam essas duas mulheres que estamos procurando há dois dias! Toda nossa milícia está procurando e os militares vindos do sul estão procurando também: elas escrevem e colocam ideias na cabeça das pessoas.

Silêncio.

Vocês são essas duas mulheres: uma escreve e a outra canta. Estão vendo esses sapatos? Pegamos essa noite dos pés dos cadáveres. Cada um dos homens que os calçavam foram mortos por nós no corpo a corpo, olho no olho. Eles nos diziam "Somos do mesmo país, do mesmo sangue", e a gente arrebentava a cabeça deles, depois a gente tirava os sapatos. No começo minha mão tremia. É sempre assim. A primeira vez a gente hesita. Não dá pra saber quanto uma cabeça pode ser dura. Então a gente não sabe com que força tem que bater. A faca, a gente não sabe onde enfiar. Não sabe. O mais difícil não é enfiar a faca, é tirar, porque todos os músculos se contraem e agarram na faca. Os músculos sabem que a vida está ali. Em volta da faca. Então o que a gente tem que fazer é afiar bem a lâmina, e aí não tem mais problema. A lâmina sai como entrou. A primeira vez é difícil. Depois é mais fácil.

O miliciano agarra Nawal, hirta de medo, e coloca a faca no pescoço dela.

Vou te sangrar e vamos ver se a que sabe cantar tem uma voz bonita e se a que sabe pensar ainda tem alguma ideia...

Sem hesitar, Sawda saca a pistola e atira. O miliciano cai.

SAWDA Nawal, estou com medo que o soldado tenha razão. Você ouviu o que ele disse: "A primeira vez é difícil, depois é mais fácil."

NAWAL Você não o matou, você nos deixou vivas.

SAWDA Tudo isso são palavras, só palavras!

Sawda atira uma segunda vez sobre o corpo do miliciano.

24. Kfar Rayat

Jeanne na prisão de Kfar Rayat. Com o guia ao lado. Ela tira fotos.

GUIA Para estimular a indústria turística, essa prisão se tornou um museu no ano 2000. Eu era guia no norte antes, trabalhava nas ruínas romanas. Minha especialidade. Agora trabalho na prisão de Kfar Rayat.

JEANNE [*mostrando a foto de Nawal e Sawda*] Você conhece essas mulheres?

GUIA Não. Quem são?

JEANNE Elas trabalharam aqui, talvez.

GUIA Então elas devem ter fugido no final da guerra com o carrasco, Abu Tarek. Ali é a cela mais famosa da prisão de Kfar Rayat. Cela nº 7. As pessoas vêm em peregrinação. Era a cela da mulher que canta. Detida durante cinco anos. Quando os outros eram torturados, ela cantava.

JEANNE Ela se chamava Sawda, essa mulher que canta?

GUIA Não se sabia o nome dela. Todos tinham um número de matrícula. Um número. A mulher que canta era o número 72. É um número famoso aqui.

JEANNE Setenta e dois, foi o que você disse?!

GUIA Foi, por quê?

JEANNE Você conhece alguém que tenha trabalhado aqui?

GUIA O zelador da escola. Na época, ele era guarda aqui.

JEANNE Desde quando a prisão existe?

GUIA Mil novecentos e setenta e oito. Ano em que houve os grandes massacres nos acampamentos de refugiados de Kfar Riad e Kfar Matra. Não ficam longe daqui. Os militares cercaram os acampamentos e deixaram os milicianos entrarem e os milicianos mataram tudo que encontraram. Estavam enlouquecidos. O chefe deles tinha sido assassinado. Então eles não brincaram em serviço. Uma grande ferida aberta no coração do país.

Jeanne sai.

25. Amizades

Nawal (40 anos) e Sawda.

SAWDA Eles voltaram pro acampamento. Facas, granadas, machados, fuzis, ácido. A mão deles não tremia. Durante o sono, enfiaram a arma e mataram o sono das crianças, das mulheres, dos homens que dormiam na grande noite do mundo!

NAWAL O que você vai fazer?

SAWDA Me deixa!

NAWAL O que você vai fazer? Aonde você vai?

SAWDA Vou em cada casa!

NAWAL Vai atirar uma bala na cabeça de cada um?

SAWDA Olho por olho, dente por dente, eles não param de gritar isso!

NAWAL Sim, mas não desse jeito!

SAWDA Não de outro jeito! Já que a morte pode ser contemplada com indiferença, então não de outro jeito!

NAWAL Então você também, você quer ir nas casas matar crianças, mulheres, homens!

SAWDA Eles mataram meus pais, mataram meus primos, mataram meus vizinhos, mataram os amigos distantes de meus pais! Então dá no mesmo!

NAWAL É, dá no mesmo, você tem razão Sawda, mas pensa!

SAWDA De que adianta pensar! Ninguém volta a viver porque a gente pensa!

NAWAL Pensa, Sawda! Você é a vítima e vai matar todos aqueles que estarão no teu caminho, então você vai ser o carrasco, aí, depois, vai ser a sua vez de ser a vítima de novo! Você sabe cantar, Sawda, você sabe cantar!

SAWDA Não quero! Não quero me consolar, Nawal. Não quero que tuas ideias, tuas imagens, tuas palavras, teus olhos, tua amizade, toda nossa vida lado a lado, não quero que me consolem do que vi e ouvi! Eles entraram nos acampamentos como loucos furiosos. Os primeiros gritos acordaram os outros e rapidamente a gente ouviu a fúria dos milicianos! Eles começaram jogando as crianças contra as paredes, depois eles mataram todos os homens que conseguiram encontrar. Os meninos degolados, as meninas queimadas. Tudo em volta pegava fogo, Nawal, tudo pegava fogo, tudo torrava! Tinha ondas de sangue escorrendo pelas ruelas. Os gritos subiam nas gargantas e se apagavam, e era uma vida a menos. Um miliciano preparava a execução de três irmãos. Ele os esmagou contra o muro. Eu estava aos pés deles, escondida dentro de um bueiro. Eu via as pernas deles tremerem. Três irmãos. Os milicianos arrastaram a mãe pelos cabelos, colocaram ela diante dos filhos e um deles gritou: "Escolhe! Escolhe qual você quer salvar. Escolhe! Escolhe ou eu mato todos eles! Os três! Vou contar até três, em três eu atiro nos três! Escolhe! Escolhe!" E ela, incapaz de palavra, incapaz de nada, virava a cabeça pra direita e pra esquerda e olhava pra cada um dos três filhos dela! Nawal, escuta, não estou te contando uma história. Estou te contando uma dor que caiu aos meus pés. Eu a via, por entre o tremor das pernas dos seus filhos. Com os seios pesados e o corpo envelhecido por ter parido seus três filhos. E o corpo dela todo urrava: "Então de que adianta ter parido esses filhos se é pra ver o sangue deles escorrendo pelo muro!" E o miliciano continuava gritando: "Escolhe! Escolhe!" Então ela olhou pra ele e ela disse, como última esperança: "Como pode, olha pra mim, eu poderia ser tua mãe!" Então ele bateu nela: "Não xinga minha mãe! Escolhe!" E ela disse um nome, ela disse: "Nidal! Nidal!" E ela caiu e o miliciano atirou nos dois mais novos. Ele deixou o mais velho vivo, tremendo! Ele deixou e foi embora. Os dois corpos caíram. A mãe levantou e no seio da cidade que queimava, que chorava com todo o seu vapor, ela começou a urrar que era ela que tinha matado os filhos. Com o seu corpo pesado, ela dizia que era a assassina dos seus filhos!

NAWAL Entendo, Sawda, mas para responder a isso não se pode fazer qualquer coisa. Escuta. Escuta o que estou te dizendo: estamos manchadas de sangue, e numa situação como esta os sofrimentos de uma mãe contam menos que a terrível máquina que nos esmigalha. A dor dessa mulher, tua dor, a minha, a de todos os que morreram essa noite não é só um horror a mais e sim uma soma, uma soma monstruosa que não se pode calcular. Então você, você, Sawda, você que recitava o alfabeto comigo há muito tempo no caminho do sol, quando caminhávamos lado a lado para encontrar meu filho nascido de uma história de amor como a que não nos contam mais, você não pode participar dessa soma monstruosa de dor. Você não pode.

SAWDA Então o que fazemos? O que fazemos? Ficamos de braços cruzados! Esperamos? Compreendemos? Compreendemos o quê? A gente pensa que tudo isso é história entre malucos e que não temos nada a ver com isso! Que a gente fica com nossos livros e nosso alfabeto para achar isso "tão" lindo, achar isso "tão" belo, achar isso "tão" extraordinário e "tão" interessante! "Lindo. Belo. Interessante. Extraordinário" são escarros no rosto das vítimas. Palavras! Pra que servem as palavras, me diz, se hoje não sei o que devo fazer! O que a gente faz, Nawal?

NAWAL Não posso te responder, Sawda, porque estamos impotentes. Nenhum valor pra nos guiar ou então só uns valorezinhos menores. O que a gente sabe e o que a gente sente. Isso é certo, isso não é certo. Mas eu vou te dizer: a gente não gosta da guerra, e a gente é obrigada a fazê-la. A gente não gosta da desgraça e a gente está bem no meio dela. Você quer ir se vingar, queimar casas, fazer com que sintam o que você está sentindo para que compreendam, para que mudem, que os homens que fizeram isso se transformem. Você quer puni-los para que compreendam. Mas esse jogo de imbecis se alimenta da burrice e da dor que te cegam.

SAWDA Então a gente não se mexe, é isso?

NAWAL Mas quem você quer convencer? Você não está vendo que tem homens que não se pode convencer? Homens que não se pode mais persuadir de qualquer coisa que seja? Como você quer explicar pro cara que urrava nos ouvidos dessa mulher "Escolhe!", exigindo que ela mesma condenasse os seus filhos, que ele se enganou? O que você acha? Que ele vai dizer: "Ah! Senhorita Sawda, seu raciocínio é interessante, vou correndo mudar de opinião, mudar de coração, mudar de sangue, mudar de mundo, de universo e de planeta e vou pedir desculpas mais que imediatamente?" O que você está pensando? Que fazendo sangrar com tuas mãos a mulher dele e o filho dele você vai ensinar alguma coisa pra ele? Você acredita que ele vá dizer de um dia pro outro, com os corpos daqueles que ele ama aos seus pés: "Olha só, isso me fez pensar e é verdade que os refugiados têm direito a uma terra. Eu dou a minha pra eles e nós viveremos em paz e harmonia juntos, todos juntos!" Sawda, quando arrancaram meu filho do meu ventre, depois dos meus braços, depois da minha vida, compreendi que era preciso escolher: ou eu arrebento a cara do mundo ou faço tudo para encontrar ele de novo. E cada dia eu penso nele. Ele tem 25 anos, a idade de matar e a idade de morrer, a idade de amar e a idade de sofrer; então no que estou pensando, você acha, quando estou te contando tudo isso? Penso na sua morte evidente, na minha busca imbecil, no fato de que serei pra sempre incompleta porque ele saiu da minha vida e que nunca verei seu corpo ali, na minha frente. Não pense que a dor dessa mulher eu não sinta. Está em mim como um veneno.

E te juro, Sawda, que eu seria a primeira a pegar em granadas, a pegar em dinamites, bombas e tudo o que pudesse causar o maior estrago, eu as enrolaria em volta de mim, eu as engoliria e iria direto pro meio desses homens imbecis e eu me faria explodir com uma alegria que você nem suspeita. Eu o faria, juro, porque não tenho mais nada a perder, e meu ódio é grande, muito grande, a esses homens! Todos os dias eu vivo no rosto daqueles que destroem nossas vidas. Vivo em cada uma de suas rugas, e basta eu fazer isso para arrancar a carne deles toda até a moela de suas almas, está me ouvindo? Mas fiz uma promessa, uma promessa para uma velha mulher de aprender a ler, a escrever, a falar, para sair da miséria, sair do ódio. E vou cumprir essa promessa. Custe o que custar. Não odiar ninguém, nunca, a cabeça nas estrelas, sempre. Promessa para uma mulher que não era bonita, nem rica, nem nada de nada, mas que me ajudou, cuidou de mim e me salvou.

SAWDA Então o que a gente faz?

NAWAL Vou te dizer o que fazemos. Mas você vai me escutar até o fim. Você vai me prometer agora que não vai discutir.

SAWDA Está pensando em quê?

NAWAL Promete!

SAWDA Não sei!

NAWAL Lembra, você veio me procurar, você me disse: "Me ensina a ler e a escrever." Eu disse que sim e cumpri minha promessa. Agora é a sua vez de prometer. Promete.

SAWDA Prometo.

NAWAL Vamos bater. Mas vamos bater num lugar. Um único. E vamos machucar. Não vamos atingir nenhuma criança, nenhuma mulher, nenhum homem, só um. Um único. Vamos atingi-lo. Vamos matá-lo ou não vamos matá-lo, isso não tem nenhuma importância, mas vamos atingi-lo.

SAWDA No que você está pensando?

NAWAL Estou pensando em Chad.

SAWDA É o chefe de todas as milícias. Não vamos encontrá-lo.

NAWAL A menina que dá aula pros filhos dele foi minha aluna. Ela vai me ajudar. Eu vou substituí-la durante uma semana.

SAWDA Por que está dizendo "eu"?

NAWAL Porque vou sozinha.

SAWDA E o que você vai fazer?

NAWAL Nos primeiros dias, nada. Vou ensinar as suas filhas.

SAWDA Depois?

NAWAL No último dia, antes de ir embora, vou atirar duas balas. Uma por você, uma por mim. Uma pelos refugiados, outra pelas pessoas do meu país. Uma pela burrice dele, uma pelo exército que nos invade. Duas balas gêmeas. Não uma, não três. Duas.

SAWDA E depois? Como você vai fugir?

Silêncio.

SAWDA Não aceito. Não cabe a você fazer isso.

NAWAL Não? A quem, então? Você, talvez?

SAWDA Por que não?

NAWAL Por que vamos fazer tudo isso? Para nos vingar? Não. Porque queremos ainda amar com paixão. E numa situação como a nossa, tem uns que vão morrer e outros não. Então os que já amaram com paixão devem morrer antes dos que ainda não amaram. É o que eu acho, Sawda. Quanto a mim, o amor que eu tinha pra viver, eu vivi, o filho que eu tinha que ter, eu tive. Faltava eu aprender, aprendi. Então só me resta a morte, e foi o que escolhi. Você irá se esconder na casa de Chamseddine.

SAWDA Chamseddine é tão violento quanto os outros.

NAWAL Você não vai ter escolha. Não me trai, Sawda, e vive por mim, e continua cantando por mim.

SAWDA Como vou fazer pra viver sem você?

NAWAL E eu e eu como vou fazer pra viver sem você? Lembra do poema que aprendeu há muito tempo, nós ainda éramos jovens. Eu pensava ainda encontrar meu filho. [*Elas recitam o poema "Al Atlal" em árabe*] Recita cada vez que tiver saudade de mim, e quando você estiver precisando de coragem, recita o alfabeto. E eu, quando precisar de coragem, vou cantar, vou cantar, Sawda, como você me ensinou. E minha voz será a tua voz e tua voz será a minha voz. Assim, vamos ficar juntas. Não há nada mais lindo do que estar junto.

26. O casaco de brim verde

Jeanne e o zelador da escola.

ZELADOR Sou zelador de uma escola.

JEANNE Sim, mas antes... Quando a prisão ainda era uma prisão.

ZELADOR Você já ficou muito tempo.

Jeanne pega o casaco de brim verde.

JEANNE E esse casaco, não faz você pensar em nada? E aqui atrás o número 72?

O homem segura o casaco.

ZELADOR A mulher que canta.

JEANNE [*mostrando a foto*] É ela?

ZELADOR [*examinando a foto*] Não. É ela.

JEANNE Não! É ela!

ZELADOR Vi essa mulher por mais de dez anos. Ela estava sempre dentro da sua cela. A mulher que canta. Um dos raros a ter visto o rosto dela fui eu.

JEANNE Escuta bem! Você me assegura que essa mulher, essa aqui, que tem os cabelos compridos e que está sorrindo, é a mulher que canta!

ZELADOR É a mulher que conheci na sua cela.

JEANNE E essa aqui, quem é?

ZELADOR Não conheço.

JEANNE Sawda. Ela se chama Sawda! Ela que é a mulher que canta! Todo mundo me disse.

ZELADOR Então mentiram. A mulher que canta é ela.

JEANNE Nawal? Nawal Marwan!

ZELADOR O nome dela não era pronunciado. Era a mulher que canta. O número 72. Cela nº 7. A que assassinou o chefe das milícias. Duas balas. O país tremeu. Trouxeram ela pra Kfar Rayat. Todos os seus amigos foram pegos e mortos. Uma delas foi até o café onde estavam os milicianos e se explodiu. A mulher que canta, só ela, ficou viva. Abu Tarek deu um trato nela. Nas noites em que Abu Tarek a violentava, as vozes deles se confundiam.

JEANNE Ah, então OK, ela foi violentada!

ZELADOR Era muito comum aqui. Ela acabou ficando grávida.

JEANNE O quê?!

ZELADOR Isso também era muito comum.

JEANNE Claro, ela ficou grávida...!

ZELADOR Na noite em que ela deu à luz, a prisão inteira ficou em silêncio. Ela pariu só, sozinha, agachada no canto da cela. A gente ouvia ela gritar e seus gritos eram como uma maldição sobre todos nós. Quando não houve mais nada, eu entrei. Estava tudo escuro. Ela tinha colocado a criança dentro de um balde e coberto com uma toalha. Era eu que ia jogar as crianças no rio. Estávamos no inverno. Peguei o balde, nem ousei olhar, saí. A noite estava linda e fria. Profunda. Sem lua. O rio estava gelado. Fui até a fossa, deixei ali. Mas eu ouvia os gritos da criança e ouvia os cantos da mulher que canta. Então parei, minha consciência estava fria e negra como a noite. As vozes eram como neve na minha alma. Então voltei, peguei o balde e andei, por muito tempo eu andei. Cruzei com um camponês que voltava com seu rebanho pra aldeia lá do alto, do lado de Kisserwan. Ele me viu, viu minha dor, me deu algo pra beber e eu dei o balde a ele. Disse pra ele: "Toma, é o filho da mulher que canta." E fui-me embora. Mais tarde souberam o que eu tinha feito. Então me perdoaram. Me deixaram em paz. Hoje estou nesta escola. Está bom.

Longa pausa.

JEANNE Sim, está bom. Então ela foi violentada por Abu Tarek.

ZELADOR Foi.

JEANNE Ela ficou grávida e depois ela teve um filho na prisão.

ZELADOR Foi.

JEANNE Você pegou essa criança, e para não matá-la como todas outras, deu para um camponês. Foi isso??

ZELADOR Foi isso, sim...

JEANNE Onde fica Kisserwan?

ZELADOR Um pouco mais pro oeste. De frente pro mar. Uma aldeia toda branca. Pergunte pelo homem que criou o filho da mulher que canta. Vão certamente reconhecer. Eu me chamo Fahim. Joguei muitas crianças no rio. Mas essa eu não joguei. Os gritos dela me tocaram. Se você encontrar essa criança, diga pra éla meu nome, Fahim.

Jeanne veste o casaco.

JEANNE Por que você não disse nada pra gente? A gente teria te amado tanto. Teríamos ficado tão orgulhosos de você. Defendido tanto. Por que você não nos disse nada! Por que eu nunca ouvi você cantar, mamãe?

27. Telefones

Jeanne num orelhão.

Simon no treino.

Jeanne e Simon falam ao mesmo tempo.

JEANNE Simon, escuta. Foda-se! Foda-se tua luta de boxe! Cala a boca!... Simon! Ela esteve presa! Foi torturada! Foi violentada! Está me ouvindo! Violentada! Está ouvindo o que estou dizendo? E o irmão que a gente tem, ela teve ele na prisão. Não! Porra, Simon, estou te ligando lá do fundo do cu do mundo, tem um mar e dois oceanos entre a gente, então cala a boca e me escuta! Não, você não vai me ligar outra hora, você vai procurar o tabelião, pede pra ele o caderno vermelho e olha o que tem dentro. Só isso.

SIMON Não... não... não estou interessado! Minha luta de boxe! Só isso! É, só isso! Não quero saber! Não, não me interessa conhecer a história dela! Não me interessa! Eu sei quem eu sou hoje e isso me basta! Agora, você, escuta aqui! Volta! Volta, pô, volta!

Você volta, Jeanne!... Alô! Alô!... Porra!... Não tem um número aí nesse maldito desse teu orelhão pra onde eu possa te ligar?

Ela desliga.

28. Os nomes verdadeiros

Jeanne na casa do camponês. Ela tira uma foto dele.

JEANNE Um pastor me mandou procurar você. Ele disse: "Sobe até a casa rosa, você vai encontrar um homem velho, é Abdelmalak, mas você pode chamar ele de Malak. Ele vai te acolher." Então eu vim.

MALAK E quem te mandou até o pastor?

JEANNE Fahim, o zelador da escola de Kfar Rayat.

MALAK E Fahim, quem te falou dele?

JEANNE O guia da prisão de Kfar Rayat.

MALAK Mansur. É o nome dele. E por que você foi procurar Mansur?

JEANNE Abdessamad, um refugiado que vive em uma aldeia do norte, me indicou o caminho da prisão de Kfar Rayat.

MALAK E Abdessamad, quem te disse pra ir falar com ele?

JEANNE Nesse ritmo, vamos chegar ao dia do meu nascimento.

MALAK Quem sabe? A gente vai então encontrar uma linda história de amor. Está vendo a árvore que está ali, é um pé de avelã. Foi plantada no dia do meu nascimento. Há cem anos. O tempo é um bicho muito do engraçado. Então?

JEANNE Abdessamad mora na aldeia natal de minha mãe.

MALAK E como se chama tua mãe?

JEANNE Nawal Marwan.

MALAK E você, como se chama?

JEANNE Jeanne Marwan.

MALAK Então, Jeanne Marwan, o que você quer? Para quem, por minha vez, eu poderia mandar você?

JEANNE Para uma criança que um dia Fahim te entregou por parte de minha mãe.

MALAK Mas eu não conheço a tua mãe.

JEANNE Você não conhece Nawal Marwan?

MALAK Esse nome não me diz nada.

JEANNE E a mulher que canta?

MALAK Por que você está me falando da mulher que canta? Você a conhece? Ela estaria de volta?

JEANNE A mulher que canta morreu. Nawal Marwan é a mulher que canta. Nawal Marwan é o nome dela. E é minha mãe.

O velhinho abraça Jeanne.

MALAK Você é Jannaane!

JEANNE Não! Meu nome é Jeanne...

Nawal (45 anos) está ali. Diante dela, Malak, de pé, com duas crianças no colo.

MALAK O boato correu pelo país todo que você tinha sido liberada.

NAWAL O que você quer de mim?

MALAK Te devolver teus filhos. Cuidei deles como se fossem meus próprios filhos.

NAWAL Então fica com eles!

MALAK Não! São teus! Toma. Você não sabe o que eles serão pra você. Foi preciso muito milagre para que eles estivessem aqui, hoje, nas minhas mãos e muito milagre para que você ainda esteja viva. Três sobreviventes. Três milagres que se olham. Não se vê isso todos os dias. Dei um nome pra cada um deles. O garoto se chama Sarwane e a menina, Jannaane. Sarwane e Jannaane. Pega eles e me leva na tua memória.

Malak dá as crianças para Nawal.

JEANNE Não! Não! Não é isso! Não somos nós! Eu me chamo Jeanne e meu irmão, Simon.

MALAK Jannaane e Sarwane...

JEANNE Não! Não! Nascemos no hospital. Ainda temos nossa certidão de nascimento! E também nascemos no verão, não no inverno, e a criança nascida em Kfar Rayat nasceu no inverno, já que o rio estava gelado, Fahim me disse, já que ele não conseguiu jogar o balde no fundo das águas!

MALAK Fahim se enganou.

JEANNE Não! Fahim não se enganou! Ele a via todos os dias! Ele pegou a criança, ele pegou o balde, a criança estava dentro do balde, e só tinha uma, só uma, não duas, não duas!

MALAK Fahim não olhou direito.

JEANNE Meu pai morreu, deu a vida pelo seu país, e não é um carrasco, ele amou minha mãe e minha mãe o amou loucamente!

MALAK Era o que ela contava pra vocês! Está certo, é preciso sempre contar histórias para as crianças para ajudá-las a adormecer. Eu tinha prevenido você, no jogo de perguntas e respostas a gente chega facilmente ao nascimento das coisas, e eis que chegamos ao segredo do teu próprio nascimento. Agora me escuta: Fahim me entrega o balde e vai embora correndo. Levanto o pano que protegia a criança, e vejo ali dois bebês, dois, recém-nascidos, vermelhos de raiva, agarrados um no outro, apertadinhos um contra o outro, com todo o fervor do início da vida. Eu peguei vocês e fui andando, alimentei vocês, e dei um nome: Jannaane e Sarwane. E aqui está. Você volta pra mim na morte da tua mãe, e eu vejo, pelas lágrimas que escorrem dos teus olhos, que não me enganei. Os frutos da mulher que canta nasceram do estupro e do horror, eles saberão acabar com os gritos perdidos das crianças jogadas no rio.

29. A palavra de Nawal

Simon abre o caderno vermelho.

Nawal (60 anos) depõe diante dos juízes.

NAWAL Senhora presidente, senhoras e senhores do júri. Meu depoimento, eu vou dá-lo de pé, com os olhos bem abertos, pois muitas vezes fui forçada a ficar com eles fechados. Meu depoimento, eu o farei olhando para o meu carrasco. Abu Tarek. Pronuncio o seu nome pela última vez na minha vida. Eu o pronuncio para que saiba que eu o reconheço. Para que não possa alimentar nenhuma espécie de dúvida quanto a isso. Muitos mortos, se levantassem de seus leitos de dor, poderiam também reconhecê-lo e reconhecer o horror em todo seu sorriso. Muitos dos seus homens o temiam, eles que eram uns pesadelos. Como um pesadelo pode temer um pesadelo? Os homens bons e justos que virão depois de nós saberão talvez resolver essa equação. Eu o reconheço, mas talvez o senhor não me reconheça, apesar da minha convicção de que o senhor me localiza perfeitamente, já que sua função de carrasco exigia do senhor uma memória perfeita dos nomes, dos sobrenomes, das datas, dos lugares, dos acontecimentos. Vou fazê-lo lembrar de mim, apesar de tudo, fazê-lo lembrar do meu rosto, já que era do meu rosto que o senhor menos se ocupava. O senhor se lembra muito mais precisamente da minha pele, de meu cheiro, até do mais íntimo do meu corpo, que era para o senhor apenas mais um território a ser massacrado pouco a pouco. Através de mim, são fantasmas que lhe falam.

Lembre-se. Meu nome talvez não lhe diga nada, pois todas as mulheres eram putas para o senhor. O senhor dizia a puta 45, a puta 63. Essa palavra lhe dava uma atitude, uma elegância, uma habilidade, uma seriedade, uma autoridade. E as mulheres, uma a uma, despertavam o ódio dentro delas e o medo. Meu nome não lhe dirá nada, meu número de puta também não, talvez, mas tem uma coisa que saberá quebrar a barreira de seu esquecimento. A mulher que canta. Está lembrando agora? O senhor sabe como sua raiva agia sobre mim, me suspendendo pelos pés, me dando choques com água misturada à descarga elétrica, enfiando pregos sob minhas unhas, apontando para mim a pistola descarregada. O tiro da pistola, a morte por um triz e a urina sobre o meu corpo, a sua, na minha boca, no meu sexo, e seu sexo no meu sexo, uma vez, duas vezes, três vezes, e tantas vezes que o tempo se rompeu. Meu ventre que incha do senhor, sua tortura infecta no meu ventre e sozinha, o senhor quis que eu ficasse sozinha, sozinha para parir. Duas crianças, gêmeos. O senhor me obrigou a não amar as crianças, a criá-las na dor e no silêncio. Como falar do senhor pra elas, falar do pai delas, falar da verdade que, nesse caso, era um fruto verde que não iria nunca amadurecer? Amarga, amarga é a verdade que deve ser dita. O tempo passará, mas o senhor não vai escapar da justiça: essas crianças que colocamos no mundo, o senhor e eu, estão bem vivas, são lindas, inteligentes, sensíveis, carregam nelas vitórias e derrotas, buscam já dar um sentido à vida delas, à existência delas, eu lhe prometo que mais dia, menos dia elas virão se colocar de pé diante do senhor, na sua cela, e o senhor estará sozinho com elas como eu estive sozinha com elas, e, assim como eu, o senhor não saberá mais nada do sentido da existência. Uma pedra se sentiria mais viva que o senhor. Falo por experiência. Prometo também que quando elas se apresentarem diante do senhor, as duas saberão quem o senhor é. Viemos nós dois da mesma terra, da mesma língua, da mesma história, e cada terra, cada língua, cada história é responsável por seu povo, e cada povo é responsável por seus traidores e por seus heróis. Responsável por seus carrascos e por suas vítimas, responsável por suas vitórias e suas derrotas. Nesse sentido, eu sou responsável pelo senhor e o senhor, responsável por mim. Não gostávamos da guerra nem da violência, fizemos a guerra e fomos violentos. Atualmente, ainda nos resta nossa possível dignidade. Fracassamos em tudo, poderíamos talvez salvar ainda isso: a dignidade. Falar ao senhor como estou falando é o testemunho de minha promessa feita para uma mulher que um dia me fez compreender a importância de se extirpar da miséria: "Aprende a ler, a falar, a escrever, a contar, aprende a pensar."

SIMON [*lendo no caderno vermelho*] Meu depoimento é o fruto desse esforço. Me calar a seu respeito seria ser cúmplice de seus crimes.

Simon fecha o caderno.

30. Os lobos vermelhos

Simon e Hermile Lebel.

HERMILE LEBEL O que você quer fazer?

SIMON Estou a fim de não fazer nada. Um irmão. Pra quê?

HERMILE LEBEL Pra saber...

SIMON Não estou a fim de saber.

HERMILE LEBEL Por Jeanne, então. Ela não vai conseguir viver, Jeanne, se ela não souber.

SIMON Não vou ser capaz de procurar por ele, de encontrar ele!

HERMILE LEBEL Claro que sim, você é capaz! Você é um lutador de boxe!

SIMON Amador. Sou um lutador de boxe amador. Nunca lutei numa luta profissional!

HERMILE LEBEL Vou ajudar você, vamos juntos mandar fazer nossos passaportes, vou com você, não vou te deixar sozinho. Vamos encontrar seu irmão! Tenho certeza. Talvez isso te ajude a viver, a lutar, a ganhar, virar profissional. Acredito nisso! Essas coisas estão no cosmo! Tem que ter confiança.

SIMON Você está com o envelope a ser entregue ao irmão?

HERMILE LEBEL Claro! Pode contar comigo, acredite, pode contar comigo! Estamos começando a ver a luz do trem no final do túnel!

Hermile sai. Nawal (65 anos) está com ele.

NAWAL Por que está chorando, Simon?

SIMON É como um lobo que vai chegar. Ele é vermelho. Tem sangue na boca.

NAWAL Agora vai.

SIMON Para onde você está me puxando, mamãe?

NAWAL Preciso dos teus socos para romper o silêncio. Sarwane é o teu nome verdadeiro. Jannaane é o verdadeiro nome de tua irmã. Nawal é o verdadeiro nome de tua mãe. Abu TAREK é o nome do teu pai. Agora você precisa encontrar o verdadeiro nome do teu irmão.

SIMON Meu irmão!

NAWAL Teu irmão de sangue.

Simon fica só.

31. O homem que brinca[1]

Um jovem no alto de um prédio.

Sozinho. Walkman (modelo de 1980) nos ouvidos.

Segurando um fuzil do tipo M16 como uma guitarra, ele interpreta apaixonadamente os primeiros acordes de "The Logical Song", do Supertramp.

NIHAD [*tocando na guitarra, depois cantando alto*]
Kankinkankam budu
Kankinkankam budu
Kankinkankam budu
Kankinkankam budu

Quando a canção começa, o fuzil passa de guitarra a microfone. Seu inglês é aproximativo.

Ele canta os primeiros versos.

De repente, alguma coisa ao longe chama sua atenção.

Ele coloca o fuzil contra o ombro, mira rapidamente ao mesmo tempo em que continua cantando.

Ele atira uma vez, recarrega rapidamente. Atira de novo ao mesmo tempo em que vai se deslocando. Atira de novo, recarrega, fica imóvel e atira mais uma vez.

Muito rapidamente, Nihad pega uma máquina fotográfica. Ele aponta na mesma direção, focaliza, tira uma foto.

---

1 No original, "L'homme qui joue". "Jouer" pode significar brincar, jogar, tocar e atuar — acepções que são todas possíveis nessa apresentação do personagem Nihad. (N.T.)

Retoma a canção.

Para de repente. Deita no chão. Pega o fuzil e mira bem pertinho.

Ele se levanta num pulo e atira. Corre até o lugar onde atirou. Largou o walkman, que continua tocando.

Nihad está de pé, sempre no mesmo lugar. Ele volta, puxando um homem ferido pelos cabelos. Ele o joga no chão.

FOTÓGRAFO Não! Não! Não quero morrer!

NIHAD "Não quero morrer!" "Não quero morrer!" É a frase mais idiota que eu conheço!

FOTÓGRAFO Eu suplico, me deixe ir embora! Não sou daqui. Sou fotógrafo.

NIHAD Fotógrafo?

FOTÓGRAFO ... Sim... de guerra... fotógrafo de guerra.

NIHAD E você tirou uma foto de mim...?

FOTÓGRAFO ... Tirei... Queria tirar de um franco-atirador... Vi você atirando... subi... mas posso lhe dar os negativos...

NIHAD Eu também sou fotógrafo. Me chamo Nihad. Fotógrafo de guerra. Olha. Fui eu que tirei isso tudo.

Nihad mostra suas fotos, uma por uma.

FOTÓGRAFO Muito bonito...

NIHAD Não! Não é bonito. Na maioria das vezes, a gente acha que são pessoas dormindo. Mas não. Estão mortas. Fui eu que matei! Juro.

FOTÓGRAFO Acredito...

Remexendo dentro da bolsa do fotógrafo, Nihad tira uma máquina com dispositivo automático móvel para as tomadas. Nihad olha no visor e metralha o homem com várias fotos. Ele pega na sua bolsa um rolo de fita adesiva e prende a máquina fotográfica no cano do seu fuzil.

O que está fazendo?

A máquina fica bem presa. Nihad acopla o dispositivo móvel ao gatilho do fuzil. Ele olha no visor do fuzil e mira no homem.

O que está fazendo? Não me mate! Eu poderia ser seu pai, tenho a idade da sua mãe...

Nihad atira. A máquina fotográfica tira fotos ao mesmo tempo. Aparece uma do homem no momento em que é atingido pela bala do fuzil. Ele fala com o homem morto.

NIHAD Kirk, I am very happy to be here at "Star T.V.Show"...

Thank you to you, Nihad. So Nihad, what is your nesxt song?

My nexst song will be a love song. A love song!

Yes, a love song, Kirk. It is new on your carreira, Nihad.

You know well, I wrote this song when it was war. War on my country. Yes, one day a woman that I love died. Yes. Shouting by a sniper. I feel a big crash in my hart. My hart colaps. Yes. I crie. And I wrote this song.

It will be a prazer to heare your love song, Nihad. No problema, Kurk.

Nihad se levanta de novo, se posiciona, usando o fuzil como microfone. Ajusta os fones de ouvido, liga o walkman. E faz mímica de tocar bateria.

One, two, one, two, three, four!

Ele imita as trinta e duas batidas da bateria de Roxane do The Police, fazendo "nim, nim, nim, nim, nim..." depois canta a canção deformando a letra.

32. Deserto

Hermile Lebel e Simon no meio do deserto.

SIMON Por aqui não tem nada!

HERMILE LEBEL Mas o miliciano disse pra gente seguir por aqui!

SIMON Ele também podia muito bem ter mandado a gente se foder.

HERMILE LEBEL Por que ele faria isso?

SIMON Por que não?

HERMILE LEBEL Ele foi bem correto! Disse pra gente ir procurar um certo Chamseddine, líder espiritual de toda a resistência da região sul. Ele disse pra gente seguir por aqui, vamos por aqui.

SIMON E se disserem pra você atirar uma bala na cabeça...

HERMILE LEBEL Não vejo por que me pediriam pra fazer uma coisa dessas!

SIMON O que a gente faz agora?

HERMILE LEBEL O que você quer fazer?

SIMON A gente abre o envelope que supostamente tenho que entregar ao meu irmão! A gente para de brincar de esconde-esconde!

HERMILE LEBEL Não tem a menor possibilidade!

SIMON O que me impede?!

HERMILE LEBEL Escuta bem direitinho, meu bom garoto, porque não vou ficar repetindo daqui até Matusalém! Esse envelope não te pertence! Ele pertence a teu irmão.

SIMON É, e daí?!

HERMILE LEBEL Olha bem pra mim, no flanco dos meus olhos! Fazer isso! É como um estupro!

SIMON Pois é tem tudo a ver, tenho a quem puxar! Meu pai era estuprador!

HERMILE LEBEL Eu não queria dizer isso!

SIMON OK. Correto! Não vamos abrir esse maldito desse envelope. Mas porra! A gente não vai encontrar ele!

HERMILE LEBEL O senhor Chamseddine?

SIMON Não, pô, meu irmão!

HERMILE LEBEL Por quê?

SIMON Porque ele está morto! Quero dizer, porra! No orfanato, disseram que nessa época os milicianos levavam as crianças para que explodissem nos acampamentos. Então ele está morto. Fomos até os acampamentos, ali nos falaram dos massacres de 1978. Então aí de novo, ele deve estar mesmo morto. A gente foi assim mesmo ver um miliciano que veio do mesmo orfanato, ele nos disse que não se lembra direito de muita coisa, só de um cara como ele, que não tinha mãe não tinha pai, que foi embora um dia e que certamente já morreu. Então se eu contar direito, ele morreu explodindo como uma bomba, ele morreu degolado e ele morreu desaparecido. Isso dá muitos mortos. Então esse Cheikh Chamseddine, acho que a gente pode esquecer.

HERMILE LEBEL Com certeza, com certeza, com certeza! Mas se a gente quiser tirar isso tudo a limpo, o miliciano disse pra gente procurar o senhor Chamseddine, que é o líder espiritual de toda a resistência durante a guerra contra o exército que invadiu o sul. Então ele deve ter uns contatos. É tudo gente do alto escalão. Políticos. Conhecem o *bisness*. Sabem de tudo que acontece. Quero dizer, por que não? Talvez ele esteja vivo, seu irmão, quero dizer, não dá pra saber! Achamos o nome dele, já é alguma coisa. Nihad Harmanni!

SIMON Nihad Harmanni.

HERMILE LEBEL Harmanni, bem, tem tanto Harmanni quanto Tremblay no catálogo, mas quero dizer estamos quase chegando lá! O senhor Chamseddine vai dizer!

SIMON Onde a gente vai achar esse senhor Chamseddine?

HERMILE LEBEL Não sei... por aqui!

SIMON Por aqui é o deserto!

HERMILE LEBEL Pois é! Pois bem! É um ótimo esconderijo! Essas pessoas devem se esconder! Quero dizer, esse senhor Chamseddine não deve ser sócio do videoclube da esquina, e também não deve ligar pra encomendar uma pizza havaiana! Não! Ele se esconde! Talvez esteja nos observando, o negócio é continuar, aí ele vai acabar vindo nos procurar, pra perguntar o que estamos fazendo nas terras dele!

SIMON De que filme você saiu?

HERMILE LEBEL Não, sério, Simon! Sarwane! Vamos! Vamos ver e vamos talvez achar seu irmão! Nunca se sabe! Talvez ele seja tabelião como eu, esse seu irmão! Vamos poder falar de minutas e certidões. Ou talvez quitandeiro, dono de restaurante, sei lá, veja Trinh Xiao Feng, ele era general no exército vietnamita, acabou vendedor de hambúrguer na avenida Cure-Labelle, depois Hui Huo Xiao Feng casou em segundas núpcias com Real Bouchard! Quero dizer, nunca se sabe! Talvez seu irmão esteja casado com uma americana rica de San Diego, tenham oito filhos e você seja oito vezes "titio". Não dá pra saber. Vamos continuar!

Eles seguem caminho.

33. Os princípios de um franco-atirador

Nihad está atirando com seu fuzil com máquina fotográfica acoplada na ponta do cano. Aparece uma primeira foto de um homem correndo.

Nihad se desloca, atira de novo.

Aparece uma foto do mesmo homem caindo morto.

NIHAD You know, Kirk, sniper job is a fantastic job. Justamente, Nihad, can you talk about this? Yeah! It is an artistic job. Because a good sniper, don't shoot qualquer coisa não, não, não! I have lot of princípios, Kirk!

First: When you shot, you have to kill, imediatamente, for not fazer sofrer the pessoa. Sure! Secundo: You shoot all the pessoas! Is equitable with todo mundo! But for me, Kirk, my gun is like my life.

You know, Kirk, every bala que eu meto no fuzil, Is like a poema.

And I shoot a poema to the people and it is the precisão of my poema que mata as pessoas e é por isso que my fotos is fantastic. And tell me, Nihad, you shoot everybody. No, Kirk, not everybody... I imagine that you don't kill children. Yes, yes, I kill children. No problema. Is like pombo, you know. So?

No, I don't shoot women like Elizabeth Taylor. Elizabeth Taylor is a strong actriz. I like her very much and I don't want to kill Elizabeth Taylor. So, when I see a women like her, I don't shoot her... You don't shoot Elizabeth Taylor.

No, Kirk, sure not! Thank you, Nihad, welcome, Kirk.

Nihad se levanta, mira com o fuzil e atira de novo.

34. Chamseddine

Simon e Hermile Lebel diante de Chamseddine. Nawal (45 anos).

HERMILE LEBEL Ninguém pode dizer que a gente não procurou! Vai pra direita, vai pra esquerda! Senhor Chamseddine por aqui, senhor Chamseddine por ali, nenhuma resposta! O senhor é mais conhecido que porteira de campanha, mas não é nada fácil de achar.

CHAMSEDDINE Você é Sarwane?

SIMON Sou eu.

CHAMSEDDINE Quando eu soube que tua irmã estava na região, pensei: "Se Jannaane não vier me ver, então Sarwane virá." Quando eu soube que o filho da mulher que canta me procurava, compreendi que ela tinha morrido.

NAWAL Quando você voltar a ouvir falar de mim, não serei mais deste mundo.

SIMON Estou procurando o filho que ela teve antes de mim.

CHAMSEDDINE Antes de ela deixar o país, perguntei pra ela: "E teu filho?"

NAWAL Ele está vivo e perdido. Wahab também está vivo e perdido. Eu estou viva e perdida.

SIMON Me disseram que o senhor poderia me ajudar.

CHAMSEDDINE Não posso.

SIMON Me disseram que o senhor conhece todo mundo.

CHAMSEDDINE Ele eu não conheço.

SIMON Ele se chamava Nihad Harmanni.

CHAMSEDDINE Por que você está falando de Nihad Harmanni?

SIMON Um miliciano o conheceu quando era criança. Entraram juntos na milícia, depois ele não teve mais notícia. Ele disse: "Chamseddine deve ter raptado e matado ele." Ele nos disse que o senhor esfolava cada miliciano e cada soldado estrangeiro que seus homens capturavam.

CHAMSEDDINE Ele te disse que Nihad Harmanni era o filho da mulher que canta, aquele que nasceu de sua história com Wahab cujo rosto ninguém nunca viu.

SIMON Não. Ele não sabia de nada. Da mulher que canta, nunca tinha ouvido falar. Ele só me disse que Nihad Harmanni tinha estado com você.

CHAMSEDDINE Então como você pode dizer que ele é o filho da mulher que canta?

HERMILE LEBEL Se me dão licença. Eu posso explicar. Hermile Lebel, tabelião e executor testamenteiro da mulher que canta. É o seguinte. Senhor Chamseddine, posso dizer simplesmente: todos os detalhes se encaixam.

CHAMSEDDINE Conta!

HERMILE LEBEL Quebra-cabeça cruel! Passamos primeiro pela aldeia natal da senhora Marwan. O que nos levou até Kfar Rayat. De lá, seguimos várias pistas em função das datas de chegada de alguns garotos no orfanato. Toni Mubarak, mas não era ele, ele reencontrou os pais no final da guerra, personagem bem desagradável e nada afável. Tufic Hallabi, mas também não era ele, ele faz uns ótimos *shish tauks* lá no norte, ao lado das ruínas romanas, ele não é da região, seus pais morreram, foi sua irmã que o levou para o orfanato de Kfar Rayat. Seguimos duas outras pistas falsas, depois acabamos encontrando uma mais segura. Essa pista nos levou até uma família Harmanni que hoje está toda morta. O dono do armazém nos falou do filho adotivo deles. Nos disse o nome dele. Fui visitar um colega, o tabelião Halabi, muito simpático, que cuidou dos negócios da família Harmanni. Ele anotou bem que Roger e Suhayla Harmanni, que não podiam ter filhos, tinham adotado, ao passar por Kfar Rayat, um menino que eles chamaram Nihad. A idade da criança e sua chegada no orfanato coincidem perfeitamente com o que sabemos da senhora Nawal. Mas, principalmente, esse menino era o único dos nossos candidatos a ter sido levado para o orfanato por aquela que ajudava as mulheres da aldeia da senhora Nawal a parir. Uma certa Elhame Abdallah. Depois disso, o senhor compreende, senhor Chamseddine, já tínhamos praticamente certeza quanto ao nosso caso.

CHAMSEDDINE Se a mulher que canta escolheu confiar em você, é que você é nobre e digno. Mas sai. E nos deixa a sós.

Hermile Lebel sai.

CHAMSEDDINE Sarwane, fica comigo. Me escuta. Me escuta bem.

35. A voz dos séculos antigos

Hermile Lebel e Jeanne.

HERMILE LEBEL Ele ainda não disse uma palavra. Ele ficou com Chamseddine, e quando saiu, Jeanne, seu irmão estava com o olhar da sua mãe. Ele não disse nada o dia inteiro.

Nem no dia seguinte, nem dois dias depois. Ficou no hotel. Eu sabia que você estava em Kfar Rayat. Não queria arrancá-la a sua solidão, mas Simon se calou, Jeanne, e estou com medo. Talvez a gente tenha ido longe demais para saber a verdade.

Jeanne e Simon sentados um frente ao outro.

SIMON Jeanne. Jeanne.

JEANNE Simon!

SIMON Você sempre me disse que 1+1 dá 2. É verdade?

JEANNE É... É verdade...

SIMON Você não mentiu?

JEANNE Claro que não! 1 + 1 dá 2!

SIMON Não pode nunca dar um?

JEANNE O que você encontrou, Simon?

SIMON Um mais um, será que pode dar um?

JEANNE Pode.

SIMON Como assim?

JEANNE Simon.

SIMON Me explica!

JEANNE Porra, não é hora pra matemática, me diz o que você encontrou!

SIMON Me explica como é que 1 + 1 dá 1, você sempre disse que eu não nunca entendia nada, então agora é a hora! Me explica!

JEANNE Tudo bem! Tem uma conjectura muito estranha na matemática. Uma conjectura que nunca foi demonstrada. Você vai me dar um número, qualquer um. Se o número for par, a gente o divide por dois. Se ele for ímpar, a gente multiplica por 3 e acrescenta 1. A gente faz a mesma coisa com o resultado. Essa conjectura afirma que pouco importa o número do qual se parte, sempre se chega a 1. Fala um número.

SIMON Sete.

JEANNE Muito bem. Sete é ímpar. A gente multiplica por 3 e acrescenta 1, dá...

SIMON Vinte e dois.

JEANNE Vinte e dois é par, a gente divide por 2.

SIMON Onze.

JEANNE Onze é ímpar, a gente multiplica por 3, acrescenta 1:

SIMON Trinta e quatro.

JEANNE Trinta e quatro é par. A gente divide por 2, 17. Dezessete é ímpar, a gente multiplica por 3, acrescenta 1, 52. Cinquenta e dois é par, a gente divide por 2, 26. Vinte e seis é par, a gente divide por 2, 13. Treze é ímpar. A gente multiplica por 3, acrescenta 1, 40. Quarenta é par. A gente divide por 2, 20. Vinte é par, a gente divide por 2, 10, 10 é par, a gente divide por 2, 5. Cinco é ímpar, a gente multiplica por 3, acrescenta 1, 16. Dezesseis é par, a gente divide por 2, 8, 8 é par, a gente divide por 2, 4, 4 é par, a gente divide por 2, 2, 2 é par, a gente divide por 2, 1. Pouco importa o número de partida, se chega a... Não!

SIMON Você ficou calada. Como eu me calei quando compreendi. Eu estava na tenda de Chamseddine e senti tudo virar silêncio. Hermile Lebel saiu. Chamseddine se aproximou de mim.

CHAMSEDDINE Sarwane, não foi o acaso que te trouxe até mim. Aqui tem o espírito da tua mãe, o espírito de Sawda. A amizade das mulheres como uma estrela no céu. Um dia, um homem veio até mim. Ele era jovem e orgulhoso. Imagina. Está vendo? É teu irmão, Nihad. Ele procurava um sentido pra vida dele. Eu disse para ele lutar por mim. Ele aceitou. Ele aprendeu a manejar armas. Um grande atirador. Temível. Um dia ele foi embora. Pra onde você vai?, perguntei pra ele.

NIHAD Vou pro norte!

CHAMSEDDINE E a causa das pessoas daqui? Os refugiados? O sentido da tua vida?

NIHAD Causa nenhuma, sentido nenhum!

CHAMSEDDINE Ele foi embora. Ajudei ele um pouco. Mandei vigiá-lo. Acabei entendendo que ele tentava encontrar a mãe dele. Ele procurou por ela durante anos, sem encontrar. Então ele começou a rir por nada. Nenhuma causa mais, nenhum sentido, ele virou franco-atirador. Ele colecionava fotos. Nihad Harmanni. Uma verdadeira reputação de artista. Ouviam ele cantar. Uma máquina de matar. Depois houve a invasão do país pelo exército estrangeiro. Subiram até o norte. Numa manhã, capturaram ele. Ele tinha matado sete atiradores deles. Ele tinha mirado no olho deles. A bala nos óculos deles. Eles não mataram ele. Ficaram com ele, formaram ele, deram trabalho pra ele.

SIMON Que trabalho?

CHAMSEDDINE Numa prisão que tinham acabado de construir, no sul, em Kfar Rayat. Estavam procurando um homem para cuidar dos interrogatórios.

SIMON Então ele trabalhou com Abu Tarek, meu pai?

CHAMSEDDINE Não, teu irmão não trabalhou com teu pai. Teu irmão é teu pai. Ele mudou de nome. Esqueceu Nihad. Ele se tornou Abu Tarek. Ele procurou a mãe dele, ele a encontrou mas não a reconheceu. Ela procurou o filho, o encontrou e não o reconheceu. Ele não a matou porque ela cantava e ele gostava da voz dela. O céu cai, Sarwane. Você está entendendo direito: ele torturou sua mãe e sua mãe, sim, foi torturada pelo filho e o filho violentou sua mãe. O filho é o pai de seu irmão, de sua irmã. Está ouvindo minha voz, Sarwane? Parece a voz dos séculos antigos. Mas não, Sarwane, é de hoje que data minha voz. E as estrelas se calaram em mim um segundo, elas fizeram silêncio quando você pronunciou o nome de Nihad Harmanni há pouco. E vejo que as estrelas fazem silêncio, por sua vez, em você. Em você o silêncio, Sarwane, o das estrelas e o da tua mãe. Em você.

NIHAD Não contesto nada do que foi dito no meu processo ao longo desses anos. As pessoas que disseram que eu as torturei, eu as torturei. E aquelas que me acusam de ter matado, eu matei. Aliás eu quero agradecer a elas pois me permitiram realizar umas fotos de grande beleza. As que esbofeteei e as que violentei tinham sempre um rosto mais comovente depois do tapa e depois do estupro do que antes do tapa e do estupro. Mas o essencial, o que quero dizer, é que o processo que me fizeram foi um tédio, de dar sono, de matar. Pouca música. Então vou lhes cantar uma canção. Digo isso porque é preciso salvar a dignidade. Não sou eu que digo, é uma mulher, a que chamavam de mulher que canta. Ontem ela veio, na minha frente, me falar de dignidade. Salvar o que nos restava de dignidade. Fiquei refletindo, e pensei que ela não estava totalmente errada. Que esse processo era de um tédio! Sem ritmo e sem nenhum sentido do espetáculo. O espetáculo, eu, é isso a minha dignidade. E desde o início. Nasci com ele. Encontraram, ao que parece, no balde onde me colocaram depois de meu nascimento. As pessoas que me viram crescer sempre me disseram que esse objeto era uma pista das minhas origens, da minha dignidade, de alguma maneira, já que, segundo a história, me foi dado por minha mãe. Um narizinho vermelho. Um narizinho de palhaço. O que isso quer dizer? Minha dignidade é uma careta deixada por aquela que me deu a vida. Essa careta nunca me deixou. Me deixem usá-la, então, e cantar pra vocês uma canção de meu repertório, para salvar a dignidade do aterrorizante pequeno tédio.

Ele coloca o nariz de palhaço. Ele canta.

Nawal (15 anos) dá à luz Nihad.

Nawal (45 anos) dá à luz Jeanne e Simon.

Nawal (60 anos) reconhece seu filho. Jeanne, Simon e Nihad estão os três no mesmo cômodo...

36. Carta ao pai

Jeanne dá o envelope para Nihad. Nihad abre o envelope. Nawal (65 anos) lê.

NAWAL Eu lhe escrevo tremendo. As palavras, queria elas enfiadas no seu coração de carrasco.

Seguro meu lápis e vou marcando cada letra.

Tendo na memória o nome de todos aqueles que expiraram sob suas mãos.

Minha carta não vai espantá-lo.

Ela só está aí para lhe dizer pronto:

Sua filha e seu filho estão na sua frente.

Os filhos que tivemos juntos estão na sua frente.

O que você vai dizer a eles? Vai cantar uma canção pra eles?

Eles sabem quem você é.

Jannaane e Sarwane.

Ambos filho e filha do carrasco e nascidos do horror.

Olhe para eles.

A carta lhe foi entregue por sua filha.

Através dela, quero lhe dizer que você ainda está vivo.

Em breve você se calará.

Eu sei.

O silêncio é para todos diante da verdade.

A mulher que canta.

Puta nº 72.

Cela nº 7.

Na prisão de Kfar Rayat.

Nihad termina a leitura da carta. Ele olha para Jeanne e Simon. Rasga a carta.

37. Carta ao filho

Simon dá seu envelope para Nihad, que o abre.

NAWAL Te procurei por toda parte.

Lá longe, aqui, em todo canto.

Te procurei sob a chuva,

Te procurei à luz do sol

No fundo dos bosques

Na cavidade dos vales

No alto das montanhas

Nas cidades mais sombrias

Nas ruas mais sombrias

Te procurei no sul,

No norte,

No leste

No oeste,

Te procurei cavando a terra para enterrar meus amigos mortos,

Te procurei olhando para o céu,

Te procurei no meio das nuvens de pássaros

Pois você era um pássaro.

E o que há de mais lindo do que um pássaro,

Do que um pássaro voando no brilho do sol?

O que há de mais só do que um pássaro,

Do que um pássaro sozinho no meio das tempestades

Levando para os confins do dia seu estranho destino?

Nesse instante, você era o horror.

Nesse instante você se tornou a felicidade.

Horror e felicidade.

O silêncio está na minha garganta. Você duvida?

Me deixa te dizer.

Você se levantou

E você tirou esse narizinho de palhaço.

E minha memória explodiu,

Não treme.

Não apanha friagem.

São palavras antigas que vêm do mais longe de minhas lembranças.

Palavras que sussurrei tantas vezes pra você.

Na minha cela,

Eu te contava o teu pai.

Eu te contava o rosto dele,

Eu te contava minha promessa feita no dia do teu nascimento.

Aconteça o que acontecer, te amarei pra sempre,

Aconteça o que acontecer, te amarei pra sempre

Sem saber que, no mesmo instante, estávamos derrotados, você e eu

Já que eu te odiava com toda minha alma.

Mas ali onde há amor, não pode haver ódio.

E para preservar o amor, escolhi cegamente me calar.

Uma loba defende sempre os seus filhotes.

Você tem Jeanne e Simon diante de você.

Ambos teu irmão e tua irmã

E já que você nasceu do amor,

Eles são irmão e irmã do amor.

Escuta

Esta carta estou escrevendo com o frescor da noite.

Ela vai te contar que a mulher que canta era tua mãe

Talvez você também venha a se calar.

Então seja paciente.

Estou falando com o filho, pois não estou falando com o carrasco.

Seja paciente.

Para além do silêncio.

Tem a felicidade de estar junto.

Não há nada mais lindo do que estar juntos.

Pois tais foram as últimas palavras do teu pai.

Tua mãe.

Nihad termina de ler a carta. Ele se levanta.

Jeanne e Simon se levantam e ficam cara a cara com ele.

Jeanne rasga todas as páginas do seu caderninho.

38. Carta aos gêmeos

Hermile Lebel abre o terceiro envelope destinado aos gêmeos.

HERMILE LEBEL O tempo está fechando. Vai chover, com certeza, com certeza, com certeza. Vocês não querem entrar? Se bem que, compreendo vocês. No seu lugar, não entraria. Aqui é um lindo parque. No seu testamento, a mãe de vocês reservava uma carta para vocês se vocês conseguissem cumprir o que ela pedia. Vocês cumpriram e com grandeza. Vai chover. No país dela não chove nunca. Vamos ficar aqui. Vai nos refrescar. Aqui está a carta.

Simon abre o envelope.

NAWAL Simon,

Será que você está chorando?

Se estiver chorando não seca tuas lágrimas

Pois não seco as minhas.

A infância é uma faca enfiada no pescoço

E você soube retirá-la.

Agora, é preciso reaprender a engolir a saliva.

Às vezes é um gesto muito corajoso.

Engolir a saliva.

Agora, é preciso reconstruir a história.

A história está em migalhas.

Devagarinho

Consolar cada pedaço
Devagarinho
Curar cada lembrança
Devagarinho
Ninar cada imagem.

Jeanne,
Será que você está sorrindo?
Se estiver sorrindo não segura teu riso
Pois não seguro o meu.
É o riso da raiva
O das mulheres andando lado a lado
Eu teria chamado você de Sawda
Mas esse nome ainda ao ser soletrado
Em cada uma de suas letras
É uma ferida aberta no fundo do meu coração.
Sorri, Jeanne, sorri
Nossa família,
As mulheres da nossa família estão todas presas numa teia de raiva.
Tive raiva da minha mãe
Assim como você tem raiva de mim
E assim como minha mãe teve raiva da mãe dela.
É preciso quebrar esse fio,
Jeanne, Simon,
Onde começa a história de vocês?

No nascimento de vocês?

Então ela começa no horror.

No nascimento do pai de vocês?

Então é uma grande história de amor.

Mas voltando ainda mais longe.

Talvez se descubra que essa história de amor

Tem sua origem no sangue, no estupro,

E que, por sua vez,

O sanguinário e o estuprador

Têm sua origem no amor.

Então,

Quando perguntarem a história de vocês,

Digam que a história de vocês, sua origem,

Volta até o dia em que uma moça

Voltou pra sua aldeia natal para gravar o nome de sua avó Nazira sobre seu túmulo.

Ali começa a história.

Jeanne, Simon,

Por que não ter contado a vocês?

Há verdades que só podem ser reveladas se forem descobertas.

Vocês abriram o envelope, vocês quebraram o silêncio

Gravem o meu nome sobre a pedra

E coloquem a pedra sobre meu túmulo.

Sua mãe.

SIMON Jeanne, me faz ouvir de novo o silêncio dela.

Jeanne e Simon escutam o silêncio da mãe deles.

Chuva torrencial.

Sobre o autor

Nascido no Líbano, em 1968, Wajdi Mouawad teve de abandonar aos 8 anos sua terra natal pela França por causa da guerra civil. No entanto, teve de deixar o país em 1983, quando seu visto de permanência foi negado. Partiu então para o Quebec, no Canadá, onde obteve, em 1991, o diploma da Escola Nacional de Teatro de Montreal. Escritor e diretor, criou com Isabelle Leblanc sua primeira companhia de teatro, Ô Parleur, que dirigiu até 1999. De 2000 a 2004, assumiu a direção artística do Théâtre de Quat'Sous, em Montreal. Em 2005, fundou no Quebec, com Emmanuel Schwartz, o grupo Abé carré cé carré e, na França, o grupo Au carré de l'hypoténuse. No mesmo ano, recusou o prêmio Molière de melhor autor para protestar contra a indiferença dos diretores de teatro para com os autores vivos.

Além de dirigir seus próprios textos, *Littoral* [Litoral, 1997], *Willy Protagoras enfermé dans les toilettes* [Willy Protagoras preso no banheiro, 1998], *Rêves* [Sonhos, 2000], *Incendies* [Incêndios, 2003], *Forêts* [Florestas, 2006], *Seuls* [Sozinhos,

2008] e *Ciels* [Céus, 2009], Wajdi Mouawad também montou peças de Shakespeare, Cervantes, Irvine Welsh, Frank Wedekind, Pirandello e Tchekhov. De 2007 a 2011, foi diretor artístico de teatro do Centro Nacional de Artes de Ottawa. Foi um dos artistas associados do Festival de Avignon de 2009. Atualmente, dedica-se a levar aos palcos sete tragédias de Sófocles: depois da primeira série, *Sobre as mulheres*, em 2011, virão as criações *Sobre os heróis* e *Sobre os mortos*, em 2015.

Editoras
Isabel Diegues
Barbara Duvivier

Coordenação de Produção
Melina Bial

Produção Editorial
Vanessa Gouveia

Tradução
Angela Leite Lopes

Revisão
Eduardo Carneiro

Capa
Cubículo Design

Projeto Gráfico e Diagramação
Mari Taboada

CIP-BRASIL. CATALOGAÇÃO-NA-FONTE
SINDICATO NACIONAL DOS EDITORES DE LIVROS, RJ

Mouawad, Wajdi, 1968-
M879i Incêndios / Wajdi Mouawad ; tradução Angela Leite Lopes. - 1. ed. – Rio de Janeiro: Cobogó, 2013.

Tradução de: Incendies
ISBN 978-85-60965-46-5

1. Teatro - Técnica. 2. Teatro (Literatura). I. Lopes, Angela Leite. II. Título.

13-04607 CDD: 792.02
CDU: 792.02

Nesta edição, foi respeitado o Acordo Ortográfico da Língua Portuguesa de 1990, que entrou em vigor no Brasil em 2009.

Editora de Livros Cobogó Ltda.
Rua Jardim Botânico, 635/406
Rio de Janeiro – RJ – 22470-050
www.cobogo.com.br

2013

1ª impressão

Este livro foi composto em Univers.
Impresso pela gráfica Stamppa,
sobre papel Pólen Bold 70g/m².